日本的迷失

真相：1998

检証　経済迷走—なぜ危機が続くのか

[日] 西野智彦——著　兴证全球基金管理有限公司——译

中信出版集团 | 北京

图书在版编目（CIP）数据

日本的迷失·真相：1998 /（日）西野智彦著；兴证全球基金管理有限公司译 . -- 北京：中信出版社，2021.1（2025.1 重印）
ISBN 978-7-5217-2537-7

Ⅰ . ①日… Ⅱ . ①西…②兴… Ⅲ . ①经济 - 研究 - 日本 -1998 Ⅳ . ① F131.3

中国版本图书馆 CIP 数据核字（2020）第 240407 号

日本的迷失·真相：1998

著　　者：［日］西野智彦
译　　者：兴证全球基金管理有限公司
出版发行：中信出版集团股份有限公司
（北京市朝阳区东三环北路27号嘉铭中心　邮编　100020）
承 印 者：北京通州皇家印刷厂

开　　本：787mm × 1092mm　1/16　　印　　张：15.25　　字　　数：150千字
版　　次：2021年1月第 1 版　　印　　次：2025年 1 月第 6 次印刷
京权图字：01-2021-0077
书　　号：ISBN 978-7-5217-2537-7
定　　价：55.00元

《 序言

彼时彼地，日本经济“迷失的 20 年”告诉了我们什么

日本经济泡沫破灭及随后“迷失的 20 年”，是 20 世纪最重要的经济事件之一，也是各国经济学者研究的热点领域。中国和日本作为毗邻的亚洲经济大国，在经济发展路径和模式上具有诸多相似之处，而日本的这一段历史经验正可以作为中国经济发展的“他山之石”和“前车之鉴”。

第二次世界大战后的日本及改革开放后的中国，均经历过经济增速年均逾 10% 的增长奇迹，也都有一个“下台阶”的过程。20 世纪五六十年代，日本经济增速年均 10% 左右，在七八十年代下降到年均 5% 左右，90 年代以来再下降到年均接近零的水平；而中国在 2008 年的金融危机冲击后，也告别了之前两位数的经济高增速，进入 6%~7% 的中速增长阶段。从经济增长模式来看，投资和出口在中日两国经济崛起的过程中都发挥了重要作用，而持续大量的贸易顺差和国际资本的不断涌入，也为两国带来了大量的外汇储备，给本币带来了较大的升值压力，

伴随着本国相对宽松的货币政策，存在资产泡沫化的隐患。在人口老龄化、产业结构转型、大规模海外投资以及金融业放松管制等方面，中国也日益呈现与当年日本相似之处。从整体来看，在中国经济研究中了解和借鉴日本发展历史是很自然的，也是很有必要的。

如今，中国也正面临着当年困扰日本的资产泡沫问题。1989 年年底，日经指数创下 38 957 的高点后泡沫破灭，日本股市从此进入漫长熊市，房地产市场在稍后一两年也步后尘进入熊途；而中国在经历了 2008 年的股市泡沫破灭及 2015 年的股市异常波动后，人们对于股市的暴涨暴跌已经心有余悸，但是房产价格仍然居高不下，控制房价过快上涨一直是政府行政工作的重点。

近几年我国在主动控制金融杠杆、消化金融风险的过程中，也暴露出越来越多的问题金融机构，银行、信托、保险、券商都有一些公司牵涉其中。在行政化处置向市场化处置转变的过程中，一些典型案例的风险处置引起了舆论的广泛讨论和争议，比如哪些问题机构不该救助，救助的同时如何防范道德风险，公共资金在何种约束条件下才可以使用，如何保证公共资金的安全或尽可能降低公共资金的成本，存款保险金应该何时以及如何使用，央行和财政部在问题金融机构救助中应该如何分工，如果将来发生系统重要性银行需要政府救助的情况时怎么办，如何通过救助尽快恢复金融机能等……对于这许许多多的问题，我们在看日本当年的经历时会有一种似曾相识的感觉，可以从中挖掘出有价值的经验、教训与启发。

在对日本经济历史的研究中，有一类观点注重强调中日两国在社会制度、国土规模、城乡结构、经济发展阶段、人均收入水平，以及政府对金融市场的把控力度等方面的诸多不同，认为中国不可能遭遇和日本一样的泡沫经济问题或是日本的经验对中国没有借鉴意义。这种观点我们并不认同，世界上不会有两个国家的情况完全相同，历史上也不会有两次事件完全相同，如果简单强调不同点而无视相似性和共同规律研究，甚至放弃学习这么宝贵的经验教训，并不是一种理智的选择。

同样，也有部分观点满足于一些学者总结出来的结论，比如把日本资产泡沫的出现和破灭简单归咎于“被迫”接受《广场协议》，让货币快速升值，或者还有随后宽松的货币政策和过早的利率市场化，并认为中国只要不犯这些错误就足以避免走上日本经济的“老路”，这恐怕也是一种过于理想的判断。

事实上，日本资产泡沫的出现和破灭是非常复杂的经济现象，受到各种各样盘根错节、彼此关联或是互相抵消的因素影响。时至今日，学界和业界仍然存在很多争论，也仍然有许多困惑有待厘清。从曾经全世界普遍看好的“日本奇迹”，到后来“迷失的20年”，几乎没有人能预见到这样的剧变，这一切究竟是什么原因所致，是否存在走上另外一条持续繁荣道路的可能性，这些问题不仅使其他国家的学者陷入困惑，日本学界自身也无法给出满意的答案。在种种学术争论中，如果缺乏足够的关于当时具体历史事件和过程的记录资料，那么争论就变成了“空中楼阁”，对外国研究者而言尤为如此。

当然，如果站在当今的时点，给出一种“事后诸葛亮”式的评价，对于当时历史的亲历者也并不公允。比如回看1992年日本大藏省对于银行资产负债表的评估，当时日本的银行向企业提供长期贷款时，大多要求以土地作为抵押，似乎很容易看出当政者低估了后续房价下跌的影响，对金融系统危机的认识和把握不足。然而中国的房价在10年前就不断有海内外经济学家看衰，在房产泡沫的质疑声中房价又不断上涨了数倍，我们的金融部门和管理层这10年及现在又该如何看待和判断我们的房地产业为好？就像克劳塞维茨（Clausewitz）说过的，评价战役指挥的得失不应简单地以成败论英雄，而应该还原到当时的环境、资源和信息条件下来观察和评判。我们相信，要想了解日本到底发生了什么，监管政策应对是否恰当，金融机构做错了什么，也必须回到彼时彼地，通过大量原始资料的整理，还原当时的市场条件、国内外环境和金融经济情况，进行抽丝剥茧的分析，才能够做出比较准确的评价，得出比较客观的结论。

该书作者西野智彦致力于站在“当政者”的视角，以近乎纪录片式的表述方式，展现当时日本政府官员、中央银行及金融机构的决策和博弈，媒体的报道、社会舆论的反应，以及政治人物的应对和互动。可以说，这本书以详尽的调研和细腻的文笔让读者有身临其境之感，提供了宝贵的历史资料。

值得一提的是，目前关于日本泡沫经济的研究绝大多数关注的是泡沫前和泡沫中，分析重点几乎都放在日本资产泡沫为什么会发生以及如何规避泡沫的发生，而该书则聚焦于资产泡沫破灭后，政府管理部门如何收拾随之而来的混乱局面，以及在市场形势不断恶化、对金融机构的实情了解不充分、信息滞后的情况下，如何帮助金融机构摆脱各种困境，如何周旋于社会舆论的种种非议之中。此外，相关人士在对金融政策进行斟酌决断的过程中，不可避免地受到政治选情和政治人物的干扰，甚至还必须考虑来自国际社会的压力，导致不断修改方案，疲于应付。

事实上，几百年来人类经济发展的历史一直与经济泡沫的不断出现又破灭相伴而行，但泡沫导致的结果却大相径庭。比如同样是大型资产泡沫，1929 年的美国股市泡沫破灭导致了全球经济长期萧条，2008 年的房地产泡沫破灭导致全球经济衰退，但 2001 年的互联网泡沫破灭却只造成了经济短暂且较轻微的衰退。美联储前主席艾伦·格林斯潘

（Alan Greenspan）就一直认为，泡沫无法避免，管理当局也很难较好地预测泡沫和控制泡沫，最重要的是泡沫破灭后如何有效应对。如果说中国的资产泡沫形成已是既成事实，未来的泡沫破灭恐怕也将难以避免。对于中国现在来说，更重要的大概不是争论经济有无泡沫，泡沫有多大，我们应该花更多精力，把研究和关注的重点放在泡沫破裂后的应对措施上，尽量减少冲击造成的不利影响和损失，也尽量规避政策应对可能发生的错误，让中国经济顺利地迈过这个坎，避免像日本那样出现经济长期停滞的结果。该书在这些方面可以给我们提供许多借鉴和帮助。

作为一家公募基金公司，兴证全球基金在不断学习和研究的过程中，也致力于引入一些对行业发展或投资理念有益的书籍，曾翻译出版了《台湾股市大泡沫》《社会责任投资》《掘金绿色投资》等专业书籍，同时赞助出版了《穷查理宝典：查理·芒格的智慧箴言录》《滚雪球：巴菲特和他的财富人生》《邓普顿金律：21个成功和快乐之道》等经典书籍。投资是一个喜欢历史的行业，规律时常隐藏在历史和案例中，正如马克·吐温（Mark Twain）所说："历史不会重复，但总会惊人的相似。"我们推动翻译出版的这本《日本的迷失·真相：1998》，正是这样一本有着历史借鉴意义的作品，期待读者能从中有所收获。

感谢沈沁、蒋寒尽、李小天等人对该书翻译出版做出的突出贡献。

杨东[①]

① 杨东，兴证全球基金牵手公益特邀顾问，宁泉资产执行董事，兴证全球基金管理有限公司原总经理，具有29年证券和基金行业投资及管理经验，在投资界具有良好的口碑和相当大的影响力。

目录

«« 序章

黑暗中行车。东名高速上的车辆稀疏零星，每隔数秒，路灯发出的光透过车窗从眼前闪过。

1997 年 11 月 22 日，周六。一直开到了凌晨 5 点半。

就在 30 分钟前，担任大藏大臣政务秘书官的西村明宏接到了三家博的电话。

“快点过来！能在 30 分钟内赶来吗?”电话那边的声音非常急切。

“30 分钟内赶来可能有点难啊。”

“总之你快点过来吧。”

住在川崎的西村没能打到出租车，开着妻子的私家车急着赶往了东京。

早上 6 点，西村抵达了位于世田谷的清净住宅区的三家家。草草应付了三家妻子的寒暄后，从后门进入，便看到三家背对自己坐在八席大小的客厅中央。

“大臣，早上好。”

三家没有回应。

“早上好。”西村靠近三家，用手轻碰了他的肩。但即使如此，三家也一言不发，沉默着盘腿而坐，抱着胳膊，愁眉不展。

茶几上放置的《日本经济新闻》报纸上印着《山一证券沦落至自主停业》的新闻标题映入眼帘。

“为什么会变成这样?”三家嘟囔着。但是西村无法回答他。因为他对山一证券破产之事一无所知。

从一年前三家就任大藏大臣以来，西村就一直伴他左右。

西村每天早上开着丰田世纪汽车与大藏省的事务秘书官一起去接大藏大臣。白天不管是在部长室内工作时，还是在三家外出时，只要是没有收到回避的指示，西村都一直跟着三家。就连夜里送三家回家，也是西村的工作。

“怎么想都觉得奇怪啊。”西村苦思冥想也不知道原因。

昨天下午6点，三家从大藏省离开时，西村向事务秘书官确认过，“明天没什么变化吧!”因为22日三家要前往鹿儿岛处理政务，也已经订了早上7点55分出发前往鹿儿岛的机票。要在城山观光宾馆举行的政经联欢会上的演讲也都安排在了日程里。

三家作为大藏大臣时的日程安排要由大藏省制订，作为议员时的日程则由政务秘书官安排。西村的询问是确认大藏大臣的政务出差工作是否有变化。

那时，事务秘书官的回答是没有变化。因此在送三家回家时，西村对三家说了第二天早上7点接他去机场。在确认了鹿儿岛的出差行程后才离开。西村完全没料到会发生山一证券陷入自主停业这种事。

另一边，三冢一面显露着不愉快的神情，一面回想起一些情况来。

11 月 17 日，北海道拓殖银行破产，第二天，在周二的参议院预算委员会会议上，证券局长长野厖士对他悄悄说过一些关于山一证券的事。

那时下午 4 点已过，审议会还在持续着，但对大藏大臣的提问已经结束，三冢便去了洗手间。这时长野出现在他眼前。

“山一证券有账簿外的债务。现在正在调查中。”

三冢吃了一惊：“这到底是怎么回事?”长野只回答道：“还没有决定要如何应对。我还会再向您汇报的。”便抽身离去。

第二天，11 月 19 日，长野在政府委员室内向三冢进行了详细的说明。“因为违反了‘TOBASHI’（即资产负债表外融资）法律，法院不会允许山一证券根据《企业重建法》进行破产重组。”因此，三冢感觉直面山一证券的局势绝非易事。

三冢所了解的确定性消息，是在和西村告别后，在自家休息时的 21 日深夜被告知的。

“明天的早报上会出现山一证券自主停业的新闻。账簿外的债务也会公示。”

“实际的破产处理是在账簿外债务公示后的两天后，即 24 日进行。”

透露消息给三冢的正是长野。

长野在 24 日深夜向事务秘书官申请：“非常紧急，我有要事想与大臣联系。”只写出了要点传达给了三冢。当然这是最高级别的机密要事，不能告知作为政务秘书官的西村。在长野所写的要点里，针对山一证券破产处理的第一步，即账簿外债务的公布，将由长野独自处理。不知晓具体情况的三冢只能在自家等待。

几个小时过后，三冢打电话告诉西村要取消早上飞鹿儿岛的行程。三冢自己也没想到，山一证券破产会来得如此之快。满脸失落的表情里又带着疑惑与愤怒。

完全不知情的西村抵达三冢家后，早上7点取消了去鹿儿岛的行程。此时，报社、电视台的记者们已蜂拥至三冢家门口。

为了不失民心，必须对记者们说些什么，但没有能用的素材。只能让时间白白流逝。西村绞尽脑汁写出了大藏大臣讲话的文稿，给刚匆忙赶到的事务秘书官看后表示可行。三冢也觉得不错。

西村想："大藏大臣出面的话，也不知道记者会突然提出什么问题。"所以他请求事务秘书官来读讲话内容。事务秘书官强烈拒绝："不行，由我来发表不妥。"同时指出，考虑到文稿内容与大藏省证券局无关，所以由事务官发言并不合适。

"你来读吧!"依照三冢的指示，西村从玄关出门已是中午11点15分。转眼记者们就包围了他。在电视台的摄像头前，抑制住高度紧张的情绪，西村开始一字一句缓缓读起稿子:

"关于山一证券一事，已指示开展事实关系调查，结果会由证券局局长发表。在结果出来前，我们会一直关注山一证券事件。我们会探讨今后该如何更好地保护投资者，将维持信用秩序作为第一要旨。"

在大藏省公布完账簿外债务的长野，坐着秘书官的公务用车，正好在西村的发表结束后悄悄抵达了三冢家。三冢一边听着长野进行报告，一边慰劳他，给他倒啤酒。

“全部按照预定的计划进行了。接下来就是员工问题了。山一证券的员工要留多少人呢?”三冢信任长野的行政能力，觉得在金融和政治领域，拥有长野这样经验和才能的人怕是没有第二个了。

“如果是这个男人的话，应该能临危不乱处理好如今的状况。”三冢在感到不安的同时又这样坚信着。

但是，刚完成简短发言的西村却感受到一种未知的恐惧。他感觉记者们带有杀气。虽然他解释了，“部长今天不会外出”，但记者们仍拥堵在三冢家门口，没有退却之意。随着时间流逝，不安在他心底扩散开来。他想着：“有什么东西正导致大藏省的管理开始失控了。”

这个国家到底会发生什么呢?

第一章

变样的公共资金

为什么要准备30万亿日元的资金

在自民党紧急金融系统安定化对策本部的初次会议上致辞的前首相宫泽喜一（左起第三位）。

（东京，自民党本部，1997年11月26日，©共同通讯社）

烦恼的首相

从早晨开始降雨，时不时伴着雷声，终日也不见停。

1997年11月29日。一辆黑色的奔驰车出现在连接着山下的正门到首相官邸的缓慢斜坡上。车灯映照着雨势。

穿过官邸侧方，进入首相公馆的是前首相宫泽喜一。他径直前进，无视准备采访的记者们。

时任首相桥本龙太郎神情严肃，在公馆的玄关处迎接他。

拨动金融行政时针的会谈，下午4点49分在公馆的接待室里开始了。

78岁的宫泽当时已是话题人物。

进入11月以来仅过去3周，三洋证券、北海道拓殖银行、山一证券以及德阳城市银行接连倒闭。11月26日，德阳城市银行破产，全国8所银行遭到存款挤兑，金融债提前回售。

在这种金融恐慌迫在眉睫的情况下，最先站出来的是宫泽。

宫泽在11月20日山一证券破产前的早晨拜访了首相公馆，向桥本递交了适用于公共资金投入的个人构想。① 作为存款保险机构的财源对策，发行以大藏省的资金运营部为承兑人的政府担保债券，这一对策被称为“宫泽个人构想”。

但是，作为政府首相的桥本对于公共资金的态度却一直保持沉默。

影响桥本态度的有两件事。一是1996年通过了“金融三法”，公共资金的注入对象只被限定为住宅金融专门企业与信用合作社。二是处理住宅金融专门企业问题时采取的税金投入遭到了强烈批判，而且公共资金的投入与作为政权根基的财政结构改革和财政投融资改革的理念可能相悖。

但一直袖手旁观的话，就有动摇政权根基的危险。不只是在野党，被称为保保联合派的党内反执行部集团也开始强烈批判政府的无所作为。

为了阻止这一系列的批判，执行部在山一证券破产的11月25日设置了总裁直属机关——紧急金融系统安定化对策本部，由熟谙金融的宫泽担任本部长。桥本与宫泽的这次会谈，是政府的最高责任者与执政党的对策本部长在公共资金的投入问题上迈出的重要第一步。

---

① 关于宫泽的拜访，桥本证言说：“政府对于公共资金议论的开始，就等于公告金融系统出现了危险状况。所以议论开始后，我就对宫泽表明了我什么都能接受，政党方就拜托他了。政府不希望那些被认为危险的金融机构名称外泄，所以我只能拜托政党了。”

坐在沙发上的宫泽用平和的语调说："这次的质询是想向全国人民表明，首相是指挥的第一线。除了首相，也会向大藏大臣、通商产业经济大臣进行询问，不过不会向政府委员提问。"

12月1日，周一，在众议院预算委员会上将是宫泽时隔24年的起身提问。

通过桥本、宫泽这样详知政策之人的一番舌战后，对公共资金投入的准备工作决定由干事长加藤纮一执掌的自民党执行部来开始。这日的会谈是正式表明这次审议讨论的目的。

"首先对于俄罗斯加盟亚洲太平洋经济合作组织（APEC），由此日本多了外交的选择项，可认为是21世纪的外交可能性。关于这点，我想知道首相的见解。想听一听首相对于东南亚和韩国的金融不稳定局面有什么感觉和看法。能说一说您在温哥华参加会议时的想法以及作为日本首相的决心吗？"①

对于宫泽的提问，桥本这样回答："现在的金融形势，考虑到和海外各国的关系，拓殖银行只在国内有分行，山一证券也享受着特融的津贴。它们中不管是哪个，对储户、证券投资者的保护都与金融系统的安定挂钩。"

"我在海外时，也一直关注国内市场。特别是对山一证券的后续处理特别留意。现在股票、金融市场都还稳定，不是吗？"

桥本这样在公馆中与宫泽会面是1996年就任以来的第一次。根据《朝日新闻》报纸上《首相动静》栏目的报道，除了这次在公馆中两人

---

① 桥本在山一证券申请停止营业的1997年11月24日，离开日本出席了在加拿大温哥华召开的APEC首脑会议。

的会谈，宫泽与桥本两任首相没有公开交谈的记录。①

宫泽自1993年8月离开政权以来，只在首相官邸的空地走过两次。两次都是因为作为申办2002年世界杯的国会议员联盟的会长，当时会见了很多人。作为当过首相的人，这些经历都不值一提。

这就是既存体制下宫泽的美学。但是可以说是因为时隔60年的金融危机，让他再次出场。1992年8月30日，宫泽作为当时的首相，在自民党轻井泽研讨会上，为了促进金融机构担保不动产的流动性，他讲道："必要的话，将不遗余力投入公共资金的支援。"此后，因为金融界和媒体开始强烈抨击银行，这次发言后便没有了具体的措施。② 5年前言及的公共资金支援的必要性这种远见，此时展现了出来。

感受到与公共资金有奇妙之缘的宫泽接着说："总算让国民感受到了首相的强烈意愿，明天的质询会有电视台介入，在镜头前首相的回答也将有深意。"

宫泽建议应该继续注入公共资金。两个人的对话从这里开始进入主题。

---

① 首相官邸里有许多等待着的记者，他们细致观察着每个出入官邸的人。连入口处都驻扎着通讯记者，他们注视着回到官邸的首相的一举一动。但即使如此，首相不接受任何记者的盘问，径直走向办公室或公馆也并非难事。发生山一证券危机事件时也是，大藏省干部悄悄进入了办公室，《首相动静》栏目却并未进行报道。

② 对于1992年的发言，在1998年8月27日的众议院金融安定化特别委员会上，宫泽回忆："我当时认为如果不解决这一点，那对于将来肯定会留有祸根。但基本上对于这个问题的深度或者说本质，还未被世人所理解。其实，如果不谨慎说出潜藏着这样一种危机的话，反而会发生引发危机的问题。对于此问题，我并没有更具建设性的解决方法。"

桥本说："关于公共资金，从哪里以怎样的形式去投入，这是一个问题。"

宫泽说："金融秩序的维持，是关于如何保护储户的问题。现在的存款保险金提升了7倍，存款也已经全部受存款保险制度的保护。但到（全额保护的）特例措施结束的2001年，就不知道存款保险机构是否还能有余款，不知道这笔钱是否足够。信用合作社也是同样，有说是受政府保护的，也有说发行的债券是由政府保证的。如果考虑存款保险机构的资金还有剩余的情况，那再探讨一下也无妨。"

在办公室，秘书官拼命记着笔记，时刻向大藏省的各个部室传达。现任首相与前任首相相交锋的提问应答，在会谈中一次次一决高下。

接到信息的各部室开始整理首相用的应答要领。

关于公共资金的用途，有两点方向性。第一点，为消除储户的恐慌，要强化存款保险机构的财源。同时对存款的全额保护要明示资金性保障。第二点，金融机构收缩资金的动向，即要缓解金融机构惜贷的态度，向金融机构注入资本以达成国际结算银行（BIS）制定的资本充足率。

"存款保险的资金还有节余的情况。"宫泽指出的是第一点中财源强化的事。但烦恼的是第二点中向金融机构注入资本的问题。弄不好的话，很可能会被贴上"银行救济"的标签。宫泽向桥本这样提议："银行中也有弱肉强食，也许有在其中拉一把的必要。比如说这次的北海道拓殖银行向北洋银行进行了营业转让，但北洋银行自有资本不足，我们必须帮它一把。"

但这样进言的宫泽没忘叮嘱道："美国在1929年金融危机时，也决定对个别银行进行支援。自民党内表示像这样的方法作为选项应留存下的呼声很高。但在当今还不可行，不是吗?”我认为对解决惜贷问题的对策，对一般银行而言，注入资本很困难。① 桥本也有同感，他说：“可以去保障破产后的银行，但这也会引发现有银行的道德风险，不是吗?”

宫泽说：“抽象来说确实会这样。”

桥本说：“基本上来说，对储户以及正常交易者的保护是可行的，但救济金融机构就有点难说了。”

宫泽说：“这是（在党内）想讨论的事，我们来总结下吧。”

会谈以宫泽的发言结束：“（在国会上所提出的问题）总结起来说，请首相表明决心是站在第一线在处理问题。”②

在会谈的50分钟里，达成了两项共识。

第一项，以存款保险的财源强化为目的，投入公共资金。第二项，对金融机构的资本注入要限定在像北洋银行这样吸收破产银行的情况。

两人的会谈反映在12月1日的国会审议里。根据会议记录，宫泽与之前的会谈商讨一样，首先从俄罗斯加盟APEC出发，关于公共资金提出：“最后，存款保险出现的损失，真的应该由政府负担吗?”桥本回答：“为了不管发生什么都能应对，保护储户，提供公共资金的支援，我认为应该扩充利用可能的资金。”这一回答借用了1992年夏天宫泽在

① 从信奉市场经济的立场出发，宫泽认为政府与资本注入并不相适。无论是宫泽构想中没有提到优先股，还是之后反对国有化构想，都表现了他对于政府获取民间股份的厌恶。宫泽也于1998年3月5日在纽约的演讲中提到：“从市场经济的原则来说，这绝不是一件值得褒奖的事。今后实行金融大爆炸改革方案的时候，肯定会出现矛盾。”这也体现了他对资本注入的批判性见解。

② 摘自桥本、宫泽会谈笔记。

轻井泽研讨会上提出的公共资金支援的言论。

另一方面，会谈上使桥本展现出难色的是对一般金融机构的资金注入，宫泽提出：“比起与首相答辩，现在我更想表达我愿意倾听的心情。”他指出：“是否要（在党内）进行这样留有余地的议论。”记录只是这样简单介绍了当天的情况，并未更深入描写。

对公共资金的讨论会照着被细致斟酌过的方案进行吗？

大藏省计划根据桥本与宫泽的会谈结果来把控公共资金问题。

这一时期大藏省银行局整理出的机密会议笔记中对宫泽提案的记录里提到：“今后不管局势如何，为了能充分利用存款保险资金，发挥其功能，会加大对存款保险资金的政府保证力度，以赢得国内外市场的信任为目标进行探讨。具体应对策略为将只针对信用合作社的政府保证延伸至一般金融机构。”

1997年，当时的存款保险制度只限于政府对破产的信用合作社的保护。不管是宫泽还是大藏省，都考虑将银行也适用于这项政府保证制度。当时主计局的负责人就开诚布公地说：“有政府保证的话，国家预算支出的负担为零。即使到了借款的还款期限，这时只要采取政府信用来还款即可。”公共资金的投入不是用于国家预算支出，而是将其用于政府保证。大藏省这样做是优先考虑到《财政结构改革法》的整合性。

这项规定阶段性缩小财政赤字的法律，在生效的1997年11月28日讽刺性地迎来了金融危机的顶峰。大藏省中枢机构判断，总算达到法制化的财政再建路线在刚确立后不可能立即变更其内容。这点在大藏省银行局记录里也有证明：“现在，存款保险有相当程度的财源，不会有资金利用的困难。按这样的形势看，现在没有必要通过国家预算支出进行公共资金的投入。”

当时大藏省对于公共资金的认识是，只要不是过多用于未来的准备资金，同时对政府保证资金的投入划定界限的话，就没问题。

另一方面，对一般金融机构的资金注入，大藏省银行局也和桥本、宫泽会谈所探讨的结果一样，持否定意见。

“对于为充实金融机构资本、保证金融系统的安定化而进行公共资金支援的提案，需要进一步探讨其对于金融机构发生道德风险问题以及解决民间机构市场化问题的影响。”记录里所阐述的应对方针表明，资本注入不管怎样都应由民间机构主导进行，而不应由政府干预。

大藏省回避对国家预算的公共资金投入，其实还有对组织解体的恐惧这一原因。

1995 年年底，在住宅金融专门企业的处理问题上，大藏省在最后关头动用了 6 850 亿日元税金。这一决定引发了对大藏省的强烈批判以及组织解体论的发展。在桥本行政机制改革之下，对于被提出分离财政与金融监管职权的大藏省来说，“投入税金”这 4 个字成了无法直言的禁语。银行局的官员说：“我觉得只要一说出‘公共资金’之类的词，肯定被抨击得体无完肤。”①

① 银行局对公共资金慎重对待的其他理由，列举国会对策的相关人员也并不少。当时，在临时国会上，为了合并陷入经营困难的两个关西中小银行，而提出了《存款保险法修正案》，使用存款保险一并处理了两行的不良债权问题，作为新银行再生的《破产前处理法案》的原型存在。但在野党对于这种银行救济行为进行了强烈批判。所以法案在审议前，如果对公共资金的议论正式开展的话，银行局警戒性认为，这将对提出国会对策不利。同法修正的原委请详见《日本的迷失・崩溃：1996—1998》。

其实在山一证券停止营业之后的自民党董事联络会上，就已经对大藏省开展了批判。行政改革推进本部长武藤嘉文指责说："虽说公共资金是在最后无可奈何之下才会采取的对策，但如果不早日弄清实际情况的话，即使是山一证券、拓殖银行这种企业，国民也是无法接受对其投入公共资金这种做法的。毕竟大藏省有监督责任。"

接下来，作为自民党干事长代理的野中广务说："山一证券有做假账的问题存在。虽然大藏省也是刚了解到山一证券的这种情况，但大藏省也不是完全没有责任。"副干事长太田诚一也接着说道："大藏省和日银的传统就是不报告政治家、内阁大臣，处理住宅金融专门企业问题时也掩盖过信息。这就是丑闻发生的原因啊。大藏省需要检讨自身应有的形象。"

连锁金融破产的发生，让大藏省内从事过金融行政的政治家们颜面无存。无声无息的愤怒席卷了永田町。因此大藏官员们得出结论，要想不再往批判大藏省的火焰上浇油，又不违背财政结构改革路线的话，就必须定出灵活处理公共资金的方案。

但是党内已出现打破这种企图的谋划。主谋就是作为反执行部核心的前任内阁官房长官梶山静六。梶山将自己的个人构想发表在了周刊杂志上。他主张政府以所持有的日本电报电话公司（NTT）的股份为担保，发行10万亿日元的改革发展国债，并以此为本金来充实金融机构资本。

11月21日，梶山在参加完冲绳回归25周年纪念仪式后返回东京的飞机上，交给了桥本一份备忘录，以此拉开了探讨梶山构想的序幕。在被周刊杂志发表之前的11月25日，梶山致电大藏大臣三冢："我今天无论如何也想与您谈谈。”

当时因为山一证券自主破产，三冢非常忙，但三冢知道理解自己繁忙的梶山在此时致电一定是有特别重要的事。于是空出晚上 7 点之后的一小时，与梶山相约在赤坂名为“鹤中”的日式酒家见面。

梶山热情地说：“我将在这周出版的《周刊文春》上发表一篇《我国经济再生计划》的构想，希望能得到首相和大藏大臣的理解。”并将这篇论文的校样亲手交给了三冢。

身为同党的政治家，与梶山气味相投的三冢回答说：“您的提议非常果断。我们先进行深度研究之后再请您多多提议。”第二天，三冢下达指示到各部门：“这是为了避免危机，梶山给我们的提议。请各位好好研讨一下。”

接连而来的金融破产，让三冢在政治上被逼到走投无路了。在激烈的批判声中，21 日又被在野党提出了不信任决议案，得到梶山提议的三冢此时的心境可谓如获救命稻草。

但是，读过梶山的构想后，大藏省的官员们却一个个脸色煞白。

与宫泽提案不同，梶山提案是从国家预算的支出方面考虑，提议对一般金融机构进行资本注入。这与大藏省提出的灵活处理公共资金的方案战略完全不符。而且提议用来保证改革发展国债发行的 NTT 股份价值，原本是准备用于偿还国债的。再以此为担保的话，这就成了变相的赤字国债。大藏省的官员们看透了这一点，认为这会摧毁《财政结构改革法》。

大藏省官员们以梶山构想会违背《财政结构改革法》为由说服了自民党执行部。不只银行局，大藏省官员们对主计局的中坚干部们以及主流派议员们也做了说明。听过大藏省说明的干事长加藤纮一也对将与桥本会谈的宫泽说："我党除了保护存款者以外，不会投入公共资金。"叮嘱其不要偏向将公共资金用于进行资本注入。

确认过桥本与宫泽在预算委员会上的发言后，大藏省的官员们总算放心了，"这下梶山构想应该会消失了吧。"

但第二天事态突变。梶山于12月2日下午3点半抵达首相官邸，与桥本进行了直接谈判。

"我并不是在威胁您，我对小泽也说过，对其他党派也进行过大致的说明。即使是为了维持政权，您如果不这样做的话，可就麻烦了啊。"

从桥本政权刚开始活动时就担任内阁秘书长的梶山，在1997年9月辞去内阁职务，以自民党总务会为据点开了批判执行部的头。桥本非常清楚与小泽一郎等在野党也有着深厚人脉关系的梶山有着怎样的政治力量。

"如果首相和自民党都不愿意的话，我会让在野党进行共同提案。"被逼无奈的桥本回答说："我会让大藏省去办的。"

党内根基薄弱的桥本与加藤纮一、野中广务等人属于自社派，他们和梶山、亀井静香等人所属的保保联合派之间保持着一种微妙的平衡，桥本在这种平衡中维持着他的政权运营。在作为救命稻草的内阁支持率突然急转直下的如今，桥本觉得自己不能怠慢保保联合派的重要人物梶山了。

12月5日，桥本拨通了梶山事务所的电话："总之，请为我总结下您的构想吧，我希望能说服大藏省。"

暂时消失了的梶山构想，在这一瞬间又恢复生机了。

12月8日下午3点半。桥本拨通了大藏大臣三冢家的电话，以不容分说的语气讲道:“改革发展国债的事只能硬着头皮去做了。我已经指示加藤干事长任命梶山为小委员长。你也体谅一下我吧。”他接着说:“三冢啊,就去做吧。海湾战争的时候,也发行过有时限的特别国债啊。我们只能去跨党派合作了。我觉得也只有让加藤这样做才行了啊。”

三冢回答他:“请您等我们想出一个成熟的方案吧。”

桥本说:“国债不用于公共事业,但是否要投入科学技术中,这一点要再探讨一下。剩下的部分就投入金融系统吧。关于投入金融系统的问题,存款保险制度的改革与接受资本投入的银行已经明确了。对于其他银行的问题,让梶山去处理吧。”

在想完成与宫泽会谈中达成的对于存款保险财源强化的共识与确定对破产银行进行资本投入的决定的同时,桥本转变了立场,也想对一般金融机构进行资本注入。三冢警告他说:“您这样做,媒体也会反对,这可是会变成政治大问题的啊。”桥本没有听进三冢的告诫:“三冢,我不是问你要怎么做,而是让你去做。”①

桥本在此后自民党党员会议中,正式下达了要探讨关于梶山构想的决定。在桥本、宫泽的对谈过后近一周左右,关于公共资金议论的方向就改变了。

资本注入的陷阱

在桥本决定采用梶山构想的12月8日,讽刺的是,大藏省也在当

① 摘自桥本、宫泽会谈笔记。

天决定采取灵活处理公共资金的方案。在银行局制作的《金融系统安定化对策》记录里这样写道：

“为了保护存款者，将进行有期限限制的公共资金注入。”

“公共资金的形态将通过从日银等借入的资金进行政府担保，期待以此为财政资金的最终保障。”

“就是为了充实处理破产金融机构的接盘银行的资本，需要准备好收购接盘银行所发行的优先股和次级债券的购入流程。”

关于对一般金融机构进行资本注入的问题，有这样的记载：“这笔资本注入超出以存款保险为目的的公共投入，所以需要达成包括在野党在内的政党间的共识。”而此时银行局对于桥本已倾向采取梶山构想的事毫不知情。

银行局自始至终都反对进行资本注入。

银行局自知所提不良债权准备金不足，虽然也有支持资本注入的声音，但局长山口公生坚决不同意。他认为资本注入仅用于保护存款者是银行行政原则，决不能越雷池一步。

但以事务次官小村武为首的大臣官房、主计局的判断却截然不同。小村在《财政结构改革法》出台后，就立即指示主计局考虑相应对策。主计局当时也考虑过对日银借款的政府保证。但桥本指示让其理解梶山构想，为了不让自社派与保保派的对立局面升级，从而卷入政局，需要其转换战术，想出梶山构想与宫泽构想的折中处理方案。当然，条件还要加上坚持贯彻《财政结构改革法》的原则。

事务次官接受了桥本的指示，主计局在数日后总结提出了活用“出资国债”以贯彻梶山构想的想法。

所谓出资国债，就是在对国际机构出资、筹措资金时使用的交付国债的一种。因为没有利息，可以根据交付对象的要求现金化，在发行阶段无须准备金。这是一个既满足了要求发行新型国债的梶山构想，又暂缓了财源问题，也不违背《财政结构改革法》的原则的妙案。①

但此案无视银行局与理财局，只传达给了事务次官与主计局局长。主导国债发行的理财局在此后表达了强烈抗议，但主计局回复道："这都是次官的指示。要是有意见的话，请报告次官吧。"

事务次官直接处理公共资金问题，是从"11月的金融危机与经济恶化都是大藏省的责任"这种声音在自民党内越来越强时开始的。

某位负责人证实，出资国债能否发行赌上了次官的官帽。自民党执行部的某位人士也承认，当时失败的责任都由三家和小村两位大藏省负责人承担了，也出现了"重视经济景气与促进财政结构改革路线转变首先应由政治家、官员承担责任"的意见。②

一进入12月，大藏省就连续在港区、三田的公用会议室内秘密召开了对策会议。在会议上，银行局局长山口依旧反对资本注入的做法，但内阁官员们都嗤之以鼻："别讲大道理了，先把方案订出来再说吧!"会议后山口感叹："真是没办法了啊。就先订方案吧。"12月10日，银

① 当时主计局内部有很大比例的人认为即使灵活运用了出资国债，但将出资国债直接现金化的话，也是与《财政结构改革法》相违背的。但是，（一）银行从破产到实际进行营业转让有半年以上的缓冲期，并不会出现出资国债直接现金化这种情况。（二）北海道拓殖银行这种大规模银行的破产无法预料，则判定按照现行法进行处理。

② 干事长代理野中广务在1997年12月12日，为促进财政结构改革路线转变这样说道："首先应由政治家、官员来承担责任。"

行局制作了《公共资金扩充构想的概要》一文。文中提及：

“对于存款保险，会筹集总额10万亿日元的国债（名为“金融安定化国债”的新型国债）。这种国债是既不会算作国家预算支出的财源，也不会违背《财政结构改革法》的特例公债。”

“卖掉NTT股份的收入优先作为现金财源，同时也要努力去获取其他财源。”

这些观点都是梶山构想和主计局所提方案的缩影。

事务次官小村为求得宫泽构想与梶山构想的折中方案，于12月14日上门拜访了宫泽。根据大藏省所留下的笔记记载，宫泽为其指点了接下来做法的大致方向。这也是梶山构想的大致要点。

一、不囤积现金。

二、要决定采取何种形式的国债发行。

三、发行总额为1万亿日元。

四、要将其与NTT股份的售出收入相关联。

12月15日，宫泽与来访的梶山进行商讨，最终就折中方案达成一致。最初梶山提出发行交付国债之类的出资国债是不可行的，他认为这样做有点似是而非的感觉。宫泽说：“如果发行交付国债不行的话，那发行国债如何呢？能立即兑现就是可行的吧。”这样巧妙地得到了梶山的同意。

但梶山还提出了希望能尽早进行国会审议，如果赶不上年内的临时国会的话，就必须在定期常会上提出法案。之后宫泽致电三家向他说明了情况，三家回答说："明白了，我会全力以赴。"

大藏省所提出的拥护宫泽的公共资金案其实就是梶山构想的翻版。

为了配合三家，银行局在准备的 12 月 15 日发言要旨里，对大藏省提出的最终方案与梶山构想的关系这样记录道："关于梶山议员的构想，可以说是为金融系统安定所提出的严肃提议。为达成金融系统安定化，关于公共资金的实施措施，据说已经得到了大多数人的理解。这次的方案是在财政结构改革的基础上，遵循梶山议员构想的主旨所提出的。"

另一方面，关于财政结构改革路线的整合性，对于外界可能提出的问题，准备了如下回答：

"现在的金融形势是，今年前半年是没有达到财政结构改革预期的异常情况。为解决这一情况，推出了新型国债，这种国债与《财政结构改革法》的特例公债也有所不同。这样就能获得国内外市场的信任，整合可以应对的相关制度。"

"财政结构改革是进行公共支出的改革与缩减，而这次的改革也是遵循《财政结构改革法》的。"

这样一来，就既满足了梶山构想的主旨，又不改变财政结构改革路线。这就是官员们所给出的回答。

但是梶山的新型国债构想不仅是波及金融系统的对策，也强烈刺激到了党内的经济形势重视派。特别是以龟井静香为代表的保保派，他们强烈要求推出追加经济对策。

11 月 29 日，桥本与宫泽的会谈记录里也留有相关资料。

宫泽说："对于财政结构改革的关系在党内也有各种意见。比如说，应当下调所得税率，缓和对公债发行的缩减，等等，这些分歧还是不要在国会上说出来比较好吧？”

桥本说：“昨天我也和大藏大臣讨论过，这12 500亿日元有点困难啊。”

桥本所说的这12 500亿日元是基于《财政结构改革法》的特例公债每年度的削减幅度。由于桥本露出难色，在12月1日众议院预算委员会上，宫泽便没有提一句关于经济形势对策的问题。

干事长加藤纮一与政务调查会长山崎拓就政策转变与政局难以联系这一原因，坚持财政结构改革的主张。但是小渊派的想法却略有不同。小渊派抱有危机感地认为，如果再不有所行动的话，桥本政权就会失利。

围绕梶山构想展开的议论，在12月11日夜里迎来了高潮，干事长代理野中广务与亀井静香进行了秘密会谈，就“如果朝着如今这样的财政结构改革路线前进的话，则会失去政权”这一观点达成了一致。亀井立即致电三冢，强烈要求他实施减税政策。野中也在12月12日的演讲中说道：“有时候必须采取大胆的转变政策。”来强调执行部第一次采取经济形势对策的必要性。

而主计局所构想出的出资国债，在不违背《财政结构改革法》的同时，又能作为经济形势对策实施，这种对出资国债的期待感在党内扩散开来。

接到亀井电话的三冢，坐立难安。他立刻致电桥本，向其申请：“请允许我实施减税政策。”桥本回答他：“希望你能好好干。”

12月14日早晨，三冢叫来主税局的干部，做了如下指示。

“因为严重的经济问题就要动摇政局根基了，我们不能让这样的事发生。虽然现在是财政再建的第一年，但是我们也要未雨绸缪。我认为先实施特别减税较好。”

另一方面，桥本也开始考虑需要出台怎样的政策了。在三冢询问可否实施减税政策后，他给自己的秘书官打电话问道：“三冢听了龟井的一些话，刚刚打电话给我说想要实施减税政策。我是否也该做些什么呢？你觉得呢？”桥本12月14日要从国内出发去吉隆坡参加东南亚国家联盟首脑会议，所以他当时想在出发前发表自己的减税构想。但是，桥本的秘书官让他不要着急：“这件事还没有在党内事先说明。”所以，最后减税的宣布日安排在了桥本从吉隆坡归国后的第二天。

桥本在17日发表了2万亿日元的特别减税政策，这笔减税资金的大部分从1997年度的修正预算资金里拨出，这并未违背《财政结构改革法》。他在吉隆坡期间，也特地交代过大藏省主税局在制订方案时，不要违背《财政结构改革法》。

这样一来，特别减税政策也成了主张优先实行《财政结构改革法》的大藏省官员的囊中之物了。①

宫泽与梶山达成一致的金融系统对策，在那之后，因公共资金“出处”与“条件”问题再次陷入僵局。

首先，问题的根源是为什么交付国债的发行额要定在10万亿日元。

银行局考虑后回答：“从强化金融系统的安定性，同时消除存款者

---

① 对于2万亿日元减税的决断，桥本回忆说：“恢复特别减税这件事本身确实与财政改革路线有所偏离，但也不希望过度偏离，我认为朝着这一方向是必要的。”

的不安这一观点出发，不管事态如何发展都能做出应对，不违背足额资金保证，综上考虑，将发行额定在了10万亿日元。”银行局的回答很长，但并没有回答定为10万亿日元的根据是什么。

接下来是这10万亿日元如何分配的难题。

大藏省的提案是，截至2001年3月末，为进行存款的全额保护而提出的“特别结算”与为注入资本而制定的“金融危机管理结算”，对这两者分别分配7万亿日元与3万亿日元的交付国债。

至于缘何进行7∶3的分配，大藏省并未给出明确的划分基准。其中一位负责人解释说：“是为了应对海外对我国银行资本充足率不足的指责，所以下定决心定下了3万亿日元这一基准。”而另一位负责人的解释为：“是以9月末的不良债权的必要计提额为参考所定出的7万亿日元。”回答不一致。

而且，“特别结算”与“金融危机管理结算”都设定了各10万亿日元的政府保证范围，所以需要向日银进行申请。但这一决定事先并未与日银进行说明，因而直接激怒了日银。日银信用机构局的干部愤怒地表示：“如果不给我们提供必要的信息说明，我们是不会同意配合的。”①

还有对公共资金总额的讨论也陷入了僵局。主计局与银行局当初决定为公共资金投入总额20万亿日元，其中10万亿日元为交付国债。但是自民党却解释说，10万亿日元国债暂且不论，先把政府保证范围设定

① 主计局负责人回顾，金融危机管理结算的政府保证范围最初为1万亿日元。但是听闻特别结算的保证范围为10万亿日元的自民党干部们说：“这样的话，那把这个也定为10万亿日元吧。”

为20万亿日元会更好。

最终，首相官邸与党执行部做出“出资还是多一点较好”的判断，向主计局提出，“拟对外宣告30万亿日元”。主计局建议说：“不必直接说将使用30万亿日元，可以说成最大使用范围为30万亿日元。”

但是，对于为求得经济形势对策的自民党，这30万亿日元的范围都远远不够。

即将年底的12月22日。桥本在首相官邸与在野党的各党首会谈后，在下午6点51分，抵达赤坂的全日空酒店，出席集聚了金融界人士的“米村会”。

桥本一进入会场，警护官就在他耳旁小声说道：“首相，有人在包间等您。”

在旁边小包间里等着桥本的就是宫泽。他说：“首相，不好意思啊。”

进行秘密会谈的地点不是首相官邸，而是全日空酒店。① 离米村会开场只有几分钟了，宫泽向桥本简单说明了来意。

“希望您能将早期改正措施的实施延期到金融局面稳定时。”

早期改正措施，指为检查银行经营与迅速进行破产处理，1998年4月决定开始实施的措施。如果银行资本充足率达不到标准的话，将对其下达部分业务受限或停止等严重的行政命令。宫泽想要将此措施的执行进行延期处理，所以单独会见了桥本。

---

① 1997年12月23日的《朝日新闻》报纸上的《首相动静》栏目只记载道：“在赤坂的全日空酒店出席了金融界人士创建的米村会。”

宫泽不仅是想针对要求资本充足率必须为4%以上的国内基准银行，也想对资本充足率为8%以上的国际基准银行进行延期处理。紧急金融系统安定化对策的提案，也就是自民党的意向。

为实现公共资金注入的自民党，当时的关注点与其说是存款者保护问题，不如说是银行的惜贷对策问题。

金融危机后，被认为经营不善的银行，不仅在国际金融市场上的借贷利息上升，在国内金融市场上的资金获取也越来越困难。各个银行都忙着以备万一来充实手中的资金，将应收贷款紧急收回。这也引发了严重的惜贷问题。①

早期改正措施如果按原计划时间进行的话，银行一定会更加压缩自身所出借的资产，宫泽警惕地察觉到了这一点。

但宫泽的请求让银行局非常为难，因为他们无法考虑早期改正措施的全面延期会带来怎样的影响。以宫泽为首的自民党的压力逐日增长。负责大型银行的银行课最后决定，只以国内基准银行为对象，采取为期一年的早期改正措施，并提出了保有股票的估值方法可以选择低价法或原价法的制度提案。② 银行局内虽有不赞成的言论，但这还是作为“紧急避难措施”在12月24日被发表了。

---

① 国内银行贷款余额已经从1996年10月开始连续14个月不断减少，但银行局、日银的负责人却都表示：“明确的惜贷问题发生是在1996年11月以后。”

② 在会计决算中，有价证券是以账面价格计算的为原价法。账面价格与公允价格孰低的计算方法为低价法。在商法中，这两种方法都被承认，但大多数日本银行为维持自身信用度都采取低价法计算。银行局的负责人表示：“即使采取原价法，如有亏损，也必须在财务报表附注里注明。所披露的点并没有改变，所以大多数银行干脆都直接采用低价法了。”

当时的银行局负责人证实说:“当时自民党的形势是被迫全面延期,虽然顶着恶评的风险,但因为要防止国际基准银行的实施也延期,所以不得不只以国内基准银行为对象进行延期措施。”

“我们非常愿意与贵国政府的金融系统,特别是针对存款者保护的公共资金注入项目进行合作。”美国财政部长罗伯特·鲁宾(Robert Rubin)的信送达给三冢之时,正是宫泽、梶山构想折中案所订立的12月15日。

信中主要的诉求是停止财政结构改革和暂时减税与永久减税相结合,并在此之上,提出了如下金融系统相关对策:

“经济弱的话,就只能搁置银行问题,不管怎样讨论金融系统强化对策,财政刺激对策的补充是必不可少的。”

“我认为最重要的是谋求强有力且具有决定性的措施,以及长期确保维持健全且高效的金融系统的措施。公共资金不是为了救济破产的金融机构的股东及其经营者的,而是应该为保护存款者,继续提供金融服务而使用。”

“为确保亚洲经济恢复健康,实现桥本首相以内需为主导的日本经济增长的目标,这才是日本应采取的最重要的行动吧。”①

鲁宾的信函里不仅追加了对财政刺激的要求,还提出了关于金融系统对策的重要警告。他指出,公共资金不应该用于救济垂死的金融机构。

山一证券破产后,身处国际金融市场的日本银行业的信用急转直

① 摘自鲁宾写给三冢的信件。由当时刚就任的美国驻日大使托马斯·福利(Thomas S. Foley)亲自送到大藏大臣的办公室。信上所印日期为12月11日。

下，连看起来最健全的东京三菱银行也必须附加最高1.125%的利息才能筹集到美元。大藏省中提倡资本注入的一部分人认为，为克服危机必须向一般金融机构进行资本注入。日银也决定对为处理不良债权问题的计提以同样的资金进行支援。但是华盛顿那边却怀疑，这些资金是否为给予国际市场中日本银行的补助金。鲁宾信中所暗含的深意，当时的日本政府并未重视。但第二年开年后，欧美国家的疑念加深，日本当局便陷入了苦恼中。

12月23日傍晚。公共资金最终方案出炉，自民党政务调查会长山崎拓与金融系统安定化对策小委员长保冈兴治拜访了首相官邸。

听闻30万亿日元额度的桥本兴高采烈地说道："这是个不错的方案啊。若是不从好的金融机构方面着手，就难以奏效啊。所以要做好事前准备，就必须从好的机构方面开始着手。"

与宫泽在会谈中就资本注入引起道德风险有过一番争论的桥本，仅三周左右就变成了理解者的态度。但是桥本所指出的"若是不从好的机构方面着手，方案就难以奏效"这一点，的确戳中了资本注入案的内在弱点。银行局最后回顾时，也指出预感资本注入方案潜藏着重大问题。银行局的内部机密资料里总结了下面四点问题：

一、政府将会介入私企。

二、客观适用基准的制定较为困难，留有较大需要斟酌的空间。

三、资本注入后，如果破产，政府将承担很大责任。

四、接受资本注入的银行，反而有可能会被贴上危险银行的标签。

这四点问题在日后将变得越来越明显。但在当时，并没有负责人能看透这些问题，并提出预防对策。

华盛顿的焦躁

首都圈时隔两年的大雪带来的低气压，不断向东侵袭。

1998年1月7日上午10点，内阁官房副长官额贺福志郎出现在新东京国际机场第二航站楼南登机口的VIP室里。

藏蓝色西装里系着奶油色的领带，外戴米色围巾。抱着装有厚重文件的包，后面跟着几位秘书官，健步如飞前往登机口。额贺所乘坐的全日空002航班准时在上午10点30分从成田飞往华盛顿杜勒斯国际机场。

就在4个月前的内阁改造中，额贺被任命为担当政务的官房副长官。对于5次当选众议院议员、已经53岁的额贺来说，这个职位至关重要。

首相官邸里有担当政务与事务的两位官房副长官。[①] 事务担当是从资历较深的官员里选出，而政务担当则大多由被寄予厚望的中坚国会议员担任。官房长官作为调整国会对策与党关系的中间人，从内阁一路晋升到政党领袖甚至首相的政治家也并不少见。这就是一次飞跃的机会啊。

但日本经济在额贺进入官邸工作以来，就一路直转急下。

1997年秋天的连锁破产，消费者瞬间心灰意冷。桥本内阁下达了

---

① 根据1999年制定的《内阁法修正案》，内阁官房副长官增加为3人。

30万亿日元公共资金投入与20万亿日元特别减税的决断，但即使这样，消费者对经济前景也非常不安。

作为官房副长官，现在正是艰难之时。从1997年年末到1998年年初，额贺独自取得了与美国政府高官会面的机会，在12日国会例会召开之前，他独自前往了华盛顿，向美方说明了日本的立场，寻找日本的银行在美国的出路。

访美前的6日下午，在首相办公室与额贺会面的桥本，脸上一直挂着笑容，并激励额贺要好好努力。①

这次官房副长官访美，是自1988年签署日本建设协议的小泽一郎以来的第二次。这也是考验政治家力量的关键时刻。

额贺在美国东部时间9日，访问了白宫东侧的美国财政部。

在短暂的停留时间里，他会见了国防部长威廉·科汉（William Cohen）、国家经济委员会主任吉恩·斯珀林（Gene Sperling）、国家安全事务副助理詹姆斯·斯坦伯格（James Steinberg）、副国务卿托马斯·皮克林（Thomas Pickering）。

但经济问题才是这一天访问的关键所在。会谈对象是劳伦斯·萨默斯（Lawrence Summers）。

萨默斯从克林顿政府开始就入职财政部，负责国际事务，后来一路升迁到财政部副部长。他出生于经济学世家，保罗·萨缪尔森（Paul Samuelson）和肯尼斯·阿罗（Kenneth Arrow）这两位诺贝尔经济学奖得主分别是他的叔叔和舅舅。同时他在20多岁时就成了哈佛大学最年

① 摘自1998年1月20日众议院预算委员会会议记录。

轻的教授，在30多岁时就职世界银行的首席经济师。但他毫无顾忌的言行，让日美关系屡次陷入危机。

萨默斯的3326号办公室在陈列着历届美国财政部长肖像画的三楼走廊的左拐处。萨默斯笑脸相迎远道而来的客人，招待他们进了接待室。

“克林顿总统和印度尼西亚总统苏哈托经过电话会议后，强烈要求实行国际货币基金组织（IMF）的计划。桥本首相如果也能与苏哈托总统进行同样的会谈，认识到IMF项目的重要性就最好不过了。”萨默斯最先抛出的是对印度尼西亚危机支援的请求。

印度尼西亚货币卢比的暴跌，泰国的泰铢危机，在1997年的夏日一引即燃，成为亚洲货币危机的标志。苏哈托政权在同年10月31日与IMF达成了关于经济结构改革的共识，将获得多国支援的230亿美元。但是，急迫的财政紧缩政策和如同金融领域外科手术般的IMF改革项目，却让印度尼西亚的经济越发恶化。

苏哈托政权开始无视IMF项目，1997年年末，货币危机再次爆发。萨默斯也决定，在与额贺会谈结束后前往雅加达。不管怎样，他都必须获得日本的协助才行。

额贺同意了萨默斯的请求，打了漂亮的一拳。他说：“日元与美元的汇率必须稳定才行。”

1997年秋天的金融危机，年末时韩国经济受到重创，使得1998年开年后，日元价格变为了1美元兑132.55日元，达到了5年8个月以来的日元价格最低点。日本经济开始显现出凋零的征兆。

为了得到萨默斯关于如何改变日元贬值现状的看法，额贺开始了进一步问话。

“最近货币里只有美元在升值，对于突然大幅度的日元贬值，我认为有必要思考下原因。”但此时萨默斯打起太极来：“我认为日元贬值的原因不在兑换比率，而是因为日本经济本身较弱。日本的金融系统一日不安定，就不会得到亚洲各国的信任吧。日本不是亚洲各国的出口市场，所以日元价值的关键在于日本向好的经济方向发展。”

接待室的气氛开始变得极度紧张。如决堤洪水一般，萨默斯开始高谈阔论起来：

“关于公共资金的投入，我觉得也应该是先观望。我觉得对于应破产的金融机构与应保留的金融机构，应该做区别化处理。金融资产的流动化并不理想。对于好不容易想出的对策，却没能扭转市场的评价，我对此很失望。”

“根据IMF、经济合作与发展组织（OECD）、美联储委员会（FRB）的记录，1998年度日本政府的预算很明显是紧缩预算。这不是应对国际形势的合适做法，在我看来这就是一次失败应对。”

尽管额贺很努力地在解释日本政府做法的原因，包括2万亿日元的特别减税，30万亿日元的公共资金注入，等等，也没能阻止萨默斯的滔滔不绝。

“我非常清楚日本的政治情况，但是……”萨默斯停顿了下，继续说道，“也许我的比喻不太恰当，桥本首相现在与大恐慌前的胡佛总统的处境相同。”

后来日美媒体再三引用的“桥本＝胡佛”论就是萨默斯最先提出的。

“不管是为了保障与亚洲各国的良好关系，还是为了保障与美国的良好关系，都不能只是一味地接受结果，而必须大胆且断然地迈出脚步。桥本首相所做出的放松管制表现了他大胆的态度，追求大胆且果断的宏观财政政策的决心。正是这点，也会促进汇率稳定。”

额贺一边显露出不快的神情，一边努力强调日本政府所做出的努力。他说道：“包含2万亿日元特别减税的预算修正案和1998年度预算案都是针对当前经济形势提出的对策。同时也提出了金融系统安定化的对策。下周开始的国会上，会首先促使这些对策的早些通过与实行。”但作为官房副长官，这番话已经是他所能言及的极限了。

听完额贺这番话的萨默斯这样叮嘱他：“希望您能向桥本首相转达一下三层意思。第一，大胆的政策要与恢复日本经济活力相关。第二，金融系统安定化政策现在还不充分，要获得市场信任，现在必须有更明确的政策才行。第三，日本现行以内需为主导的财政政策并不恰当，也并没有较好整合，对亚洲经济也没有带来好的影响。作为财政上的措施，比如‘减税’的实行很重要。”

“我很清楚减税对日本的内政与税制来说是一种挑战，经济也并非是一种完全科学化的东西。但是以我的经验来说，在这种情况下，对于亚洲而言，日本不只是一个需要解决的问题，它也是亚洲危机的起因所在。不管是总统、财政部长，还是国防部长，在接下来的数周里都会密切关注日本的经济政策。”

断定日本是亚洲危机的原因，并规定好了固定的时间区间——数周内，这确实是对追加减税政策决断的露骨要求。

额贺明确回答道：“下周国会审议上会宣布一个政策，且没有其他新政策相关的讨论。”

一边维持财政结构改革路线，一边还要绞尽脑汁想出2万亿日元的特别减税，在这种情况下，再在国会上提出追加减税政策的话，国会审议估计都会停止。应该无法再修改预算了，但也不能什么都不说。

额贺下定决心后开了口："各种改革政策也都渐渐开始实施，看到亚洲如今的状况，我也在想要展开怎样的政策。作为政治家，必须思考为了亚洲的形势应该做些什么，这也是事实。"

额贺这段话说得非常微妙，他预先申明政治家的立场，但又暗示了在预算成立后需要执行些措施。

最后两人的对话以额贺下面的话结束："一边观察美元、日元的状况，一边保持今后相互之间的紧密联系，对于亚洲形势的应对，想于2月的七国集团（G7）财政部长与央行行长会议上表明。"①

对于额贺来说，这真是一次比他预想中要难得多的会谈。与此同时，他也察觉到1998年的日美关系要比以前更艰难。

4天的访美结束后，额贺总结了如下报告内容：

"美国对日本的财政整体紧缩政策较为失望。为扩大内需，要有必要的刺激政策。萨默斯有以下两点意见。一是金融系统稳定是最必需的诉求。日本政府的政策在国际上并没有得到足够的信任。二是如果日本还要维持现行财政政策的话，扩大内需并不能奏效。而且财政的刺激政策，特别是减税政策非常重要。"②

---

① 摘自会谈内容，根据额贺回国后所做的政府内部概览笔记整理而成。

② 额贺回国后，《朝日新闻》围绕着额贺访美一事做了报道："约定了追加经济对策。"所以在国会上此事成了大问题。在1998年1月12日的众议院预算委员会上，额贺答辩道："考虑到亚洲经济等问题，我有印象我说过要扩大内需之类的话，但我并没有具体展开谈及这件事。"

出发前还是笑脸相迎的桥本，这时没了笑容。左右亲信的神情也反映出了觉得额贺这次访美是一次危险的哗众取宠行为。对美外交并非易事，处理不好的话，可能会被强行提出很多要求，甚至损伤本国利益。桥本亲信们的担忧，最终得到了印证。12日上午，桥本听了额贺的报告后，只说道："啊，这样啊。"便再无表示。

就任将满两年的桥本，已经做好了1998年将是艰难一年的觉悟。在额贺访美前的1月6日经济四团体新年祝贺会上，桥本这样致辞："即使是枝繁叶茂的树，树枝若是接触不到阳光，便也无法继续生长。只有将杂枝去除，留下富有生命力的树枝，树才能更好地生长。今年就是除去杂枝，留下好枝的一年。我希望能有所结果。"

从1996年1月起，桥本首相就任以来，就以"变革创造内阁"为宣传语。为了巩固21世纪的国家根基，桥本提出了财政结构改革、行政改革、社会保障改革、经济结构改革、金融系统改革以及教育改革这六大改革，以实现长期政权的稳固。

但伴随着经济形势的恶化，桥本政权的战略必须进行修正了。特别是对于财政结构改革与行政改革，自民党内部有许多反对之声，支持率也有下降趋势。所以必须想出新的改革路线，以平安度过7月的参议院选举。桥本的致辞中也包含了制定新改革路线的这层含义。

接到额贺报告后的桥本，立刻在12日下午与印度尼西亚总统苏哈托取得了联系。然后在13日上午10点25分接到了克林顿总统的电话。

克林顿先表达了桥本对印度尼西亚危机进行支援的谢意，与额贺和萨默斯的会谈内容一样，克林顿也并未止于这点。他接着说："对于亚洲经济整体而言也是，信任的恢复是必要的，同时日本政府也需承担较大责任。虽然也许会很困难，但我觉得这与您所提倡的以内需为主导的经济增长的目标也是一致的。”

说完这点，他又补充道：“2万亿日元减税迈出了较好的一步，为了抵消去年的财政紧缩，必须执行进一步放松的政策。如果亚洲经济低迷，日本经济也低迷的话，财政再建是不可能的。必须恢复信任。虽然有点困难，但希望您能再重新探讨一下。同时，金融安定化政策也应确保规定与过程的透明化。淘汰脆弱的金融机构，同时必须追究经营责任。”

桥本的脸上布满愁云，他回答说：“萨默斯副部长让额贺传达的消息我已经了解了。往后必须在国会上通过2万亿日元的减税与30万亿日元的存款者保护法案。4月开始进行法人税与有价证券的交易税的减税。请一定支持我们。”①

桥本稍稍改变了克林顿的要求，但在之后的会谈上，说明“要首先通过预算修正案”的桥本，与评价“这样一来就太迟了”的克林顿又展开了交锋。

虽然没有留下会谈记录，但桥本的亲信里有一人记得桥本曾这样说过：“也有人说要是我下台的话，股价就会上涨。”这句话到底是美方再三的要求让桥本怒火中烧了，还是为了缓和会谈氛围的玩笑话，无法得知。但桥本却在这时开始展露出辞意。据当时他身边的政务秘书官江田宪司回忆，桥本嘀咕道：“干脆什么时候辞职好了。”

在1月19日的众议院预算委员会上，桥本也这样回答说：“如果我

---

① 根据首相身边人留下的笔记做成。对于这一电话会谈，政府向记者团说明：“并未提及日本经济形势对策与金融系统安定化政策。”

辞职能让经济形势一下子恢复，股价上涨，一切都变好的话，那我立刻就辞职。”这段话使得周围一片慌乱。回顾桥本所言，“正因为这样想，所以对秘书官说要这样准备。能做的我都会做，但不接受的话，我也没办法啊”，也证实了这点。①

不愿结党联盟的桥本，身边也没有几个亲近的政治家。江田、通产省出身的林洋和、大藏省出身的首相秘书官坂笃郎一直作为桥本的谋士。江田他们也没有想到，一向强势的桥本会真的考虑辞职，把桥本所说的那些辞职的话，以“首相也就是做做样子吧”轻松搪塞了过去。

伴随着经济恶化，日本的经济基盘正一点点被吞噬着，桥本也越发焦虑了。最让他苦恼的是 1997 年 11 月末通过的《财政结构改革法》与 12 月 2 万亿日元的特别减税要怎样进行整合性说明。在野党这边，因为《财政结构改革法》里以缩减赤字国债为目标，而特别减税又以赤字国债为财源，这两者有明显矛盾，所以将其追究为桥本内阁的“迷失”。

在 1 月 12 日的例行国会上，桥本不得不这样答辩道：“财政结构改革的必要性没有变。同时，一边顾及本国经济和金融系统的实际状况以及亚洲经济形势，一边采取临机应变的政治对策和措施也是理所应当的。财政结构改革与应对经济形势的对策并非二选一的问题，而是中期目标与当下所需解决的问题不同而已。”

确实，2 万亿日元的特别减税的大部分包含在 1997 年度的修正预算里，与 1998 年刚启动的《财政结构改革法》的赤字国债缩减规定并不冲突。但是，如果贯彻桥本理念的话，只能在 1998 年度采取临机应变

① 在《JNN 报道特辑》中笔者采访所得的回答。

措施违反《财政结构改革法》，或是不得不遵从《财政结构改革法》而放弃临机应变对策。因此桥本只能这样辩解道："特别减税在新年后是必要的，所以我想全力以赴去执行。"

否定刚成立的《财政结构改革法》，就等于否定了自身啊。这样想着，桥本陷入了僵局。对美国几度的要求也无法回应。

不仅如此，不只是在野党，就连自民党内也开始发表对追加减税的意见，以及接二连三出现干部关于减税长久化所带来的影响的言论。"关于经济金融政策的掌舵人，没能统一好官邸与政党的步伐，关于减税的想法未能达成一致。从这种意义上来说，政权掌舵人的负担越来越重了，"江田回顾当时的情况说，"这样的内阁，恐怕持续不了多久了。"①

桥本身边的亲信们都感到政权的大转变正悄悄逼近了。

① 在《JNN 报道特辑》中笔者采访所得的回答。

第二章

官员们的忧虑

为什么经济政策停滞不前

大藏省两名官员被逮捕之际，在凌晨召开的记者会上，鞠躬致歉的大藏大臣三家博。

（东京，大藏省，1998年1月27日，©《每日新闻》）

孤独的引咎辞职

时值正月，三冢决定在位于世田谷的自家府邸举办新春年会。

被称为三冢派的清和会同僚和相关媒体人士在高朋满座的大厅里陆续坐下，觥筹交错之中，祝贺新年的到来。

三冢此时也倾杯饮用着兑水调制的酒，迎接 1998 年的新年，并说道："今年的各个方面也还请大家多多帮忙啊。"

此时，在场的政务秘书官西村明宏清晰地想起三冢漏了一句话。

三冢是在 1996 年 11 月桥本内阁第二次组阁时被任命为大藏大臣的。但是，距离最初所制定的巩固"桥本地位"的政权战略相去甚远。

财政再建以及在稳定环境下完成金融大爆炸改革方案的计划，正由于经济陷入低迷和链式大型金融破产等原因，逐步走向崩溃。因此三冢不仅受到在野党以及媒体猛烈批判，甚至在党内的立足点也开始受到动摇。

更让三家面露难色的是，从1997年夏天开始的东京地检特搜部的搜查到了最紧迫的关头。从刚开始以第一劝业银行少数持股股东进行利益输送事件为开端的搜查，到后来向着对大藏省官员的贿赂性接待疑云方向发展。

“西村，这最少都要逮捕三个人啊。”三家在只有他和西村的大臣室里说这番话时，正值1月上旬。日程安排里还有短暂的空闲时间。“先是普通职员，接着就是政治家了。因为公务员对预算审议有影响，所以留到最后。”①

贿赂性接待的实际情况虽早已被媒体报道，但是三家用独有的路径掌握着大藏省官员被捕的信息。接受来自日兴证券的利益输送的政治家被指认为是自民党的新井将敬。

“政治家的被捕虽说是官邸的问题，但其他问题就丢给大藏省了。我们该如何应对呢？”

被三家如此询问的西村，稍作思考后，给出了这样的建议：“我认为普通职员被逮捕时，官员等应全员免职，大臣也应一并引咎辞职。这样的话，世人与大藏省的年轻职员们也会欢呼的吧。政府人员也会焕然一新。”

西村感到这就是三家的痛点。三家此时70岁。如果再年轻些的话，时间会抚平一切，但如若此时下台，再上来就绝非易事了。“相反，如果等到有嫌疑的官员被逮捕的话，在这期间定会受到猛烈抨击与指责，

---

① 日本的公务员是执行国家管理团队，不属于某届政府或某个政党。日本国民心中有一个基本概念：“国家是永恒的，政府是短暂的。”公务员最高可以做到“事务次官”；国家部长及以上官职是由国民投票选举出的政治家担任。——译者注

那作为政治家的生涯也就结束了。”

三家听完这段让人绝望的话后，靠着办公桌，抱着胳膊，仰天叹气。不遂意时，三家就会这样。

“必须护送桥本到参议院选举啊，”三家斩钉截铁地说道，“如果在这样的环境下进行政权交替，对国家不利，对经济更是不用说。把脓包全部挤出之时再辞职，是最好不过了。”

三家打算不管走到哪，都会支持桥本内阁。大藏大臣辞任这一异常事件对桥本内阁来说，无疑是一个危险信号。西村不停地警告他说：“这对一个政治家来说就如同死去一般。”但三家却摇头让他不要总说这样的话。

对于官员免职，三家也持否定态度。

“我如果辞职了，剩下的组织便毫无用处了。政府就是这样的机构啊。同一阵营的人主动辞职的话，自己便也永无翻身之日了。”

西村勉强同意他所说的，但随即补充道：“只是，请务必要明确的道歉与导入监察官制度。”三家让西村以笔记形式写下来。在大臣室的办公桌上，西村奋笔疾书。三家把西村递过来的笔记非常小心地放入自己西服的口袋里。

在普通职员被逮捕后的记者见面会上，因为对西村所写笔记的印象过于强烈，三家把事务人员所准备的发言稿中的“监察官制度”好几次错说成“监查官制度”。

经过长时间搜查，1 月 18 日东京地检特搜部首先揭发了日本道路公团（高速公路管理部门）受贿一事。被逮捕的是被大藏省货币局长所任命的财务负责人井坂武彦理事。为了回报野村证券巨额的招待，井坂有涉嫌将野村证券特别选定为公团所发行的政府保证外债承包方的嫌疑。

这时的大藏省官员们还未意识到事态的严峻性。第二天，19日的记者见面会上，事务次官小村武也在一味强调这一事件仅属于退休后的娱乐活动，“这些长年累月在大藏省工作的人，却做出这样的事，实在让人感到遗憾”。三冢与小村两人关于接待疑云一事的初次讨论，其实是在19日夜里。①

但是特搜部的气势却打破了大藏省官员的乐观。

1月26日下午4点35分，大约50个检察官进入大藏省正门。霞关大厦9楼与合同厅舍4楼的金融检察部也有30人进入。这是自1973年殖产住宅事件以来，时隔25年对大藏省的强制搜查。

下午5点，一位特搜检察官对大藏省官房长官武藤敏郎出示了搜查证。搜查范围是金融检察部与银行局的总务课、银行课。大藏省人员原以为搜查对象仅为移迁到霞关大厦的金融检察部，却未料大藏省本部也被列为强制搜查的对象。

与此同时，金融检察部的金融证券检察官室长宫川宏一被要求一同随行，下午7点15分，便因为有收受第一劝银等四家银行贿赂的嫌疑被逮捕。45分钟后，管理课长助理谷内敏美也被逮捕。这两人都是在金融检察部从业时间较长的普通职员。

由于本部也被进行突袭搜查，大藏省官员们都变得十分错愕。

银行局4楼的防火门被拉下，所有人都被禁止出入。职员被命令不准离开自己的工作岗位，从文件到手账等资料全部被要求上交。甚至有

---

① 三冢回忆：“我们也做过一些事情的。让我们感觉困扰的是大藏省内的氛围。官员的接待疑云我们也调查过，但官房当时报告给我们说，经调查并无此事。”

人被搜查是否将笔记混入公文包与钱包中。搜查一直持续到第二天下午1点以后，装没收品的箱子包括银行局的100箱、金融检察部的120箱，合计220箱。

银行局的中坚干部回忆说："作为政府人员，被那样侮辱还是第一次。"在检察官不得违抗的语气下，精英们的自尊心被撕得粉碎。一直称霸霞关大厦的大藏省的威信，在这声声命令中轰然坍塌。

与此同时，大臣办公室也被紧张气氛包围着。

大藏省出了被逮捕的犯罪者，这种责任应该怎样承担呢？——就在大约三周前，三冢与西村所商讨的问题，必须给出结果了。

在大臣室里，除三冢外，还召集了政务次官中村正三郎、事务次官小村、秘书课长渡边博史以及秘书课企划官乙部辰良，对这次事件展开了紧急会议。

"这样下去可是不行的啊。"

三冢的斥责声反复地响彻室内。

小村和武藤最初给三冢的解决方案是对干部层级的降薪处理。

> 大藏大臣：上缴30%
>
> 政务次官、事务次官：各上缴20%
>
> 财务官、官房长官、金融检察部长、局长：各上缴10%①

记载着降薪案的文件上，也添加了如下"宣言"。

---

① 局长级别的降薪对象包括主计、主税、关税、理财、证券、银行、国际金融等7人。

下定决心以全新的姿态专注投入工作，并引以为戒，基于官员们的总体意见，会将2月工资的一部分上缴国库。

“在如今世道，发生这样的事可不是降薪就能解决的。”

不常生气的三冢，此刻语气都粗暴了起来。

“降薪也很难啊，哪有员工会给自己降薪的啊。”

“你们在想什么啊，这样一来，责任该由谁来承担啊。这不就是在逼着人严惩自己吗？这方案不行。”

争论过后，降薪案被驳回。

大臣与事务人员的再次冲突是关于记者见面会上的大臣发言内容。

事务工作人员原先所写的道歉内容是这样的：

“今天金融检察部的两名工作人员疑因收受贿赂被逮捕，大藏省也被进行了搜查。”

“这件事严重损害了国民对大藏省的信赖。如今发生了这样决不被允许的事，作为大藏省的负责人，我深感自身责任重大。”

“对于搜查工作我们会全力配合，于我个人而言，我也必须找出发生这种事的根本原因，并打算将得到的结果公之于众。”

浏览过后，三冢察觉到这份道歉内容里缺少了西村劝诫的要明确道歉的部分。便拿出红色铅笔毫不客气地修改起来。

他先在开头加上了一句：“我对受贿行为痛恨至极，对此自觉惭愧万分。”接着在“作为大藏省的负责人，我深感自身责任重大”之后加上了“深表歉意”。之后把“找出发生这种事的根本原因”改成“有义务找出发生这种事的根本原因”，并将“打算将得到的结果公之于众”

改成“会将得到的结果公之于众”。

“如果不彻底解释说明的话是不行的。”

三家一边这样说，一边显露出失望的表情，用红色铅笔更正着。

在商讨对策的会议中，事务人员一提交方案，三家就退回，会议就这样断断续续地进行着。第一次会议是在下午 5 点 32 分，第二次是在下午 6 点 17 分，第三次是从晚上 8 点 17 分一直进行到凌晨。

会议出席者中的一人证实，在会议中，对于是否应该道歉这一点，三家与事务人员意见相左。事务人员主张：“该事件中两名工作人员被检察官认定为个人犯罪，我们也应观察检察方的动向。”三家却毫不让步：“这并非个人行为，而是更严峻的事。”①

激烈的争论过后，三家斩钉截铁地说：“上级的严格管理才有下级的秩序，所以这并不是一个人的事，我要向国民道歉。”紧接着政务次官中村发言道：“大臣所言甚是，我也会一同出席记者会鞠躬致歉，所以在座诸君也请一同道歉。”

小村、武藤等事务人员只好默认同意。

在延时近 5 个小时会议的最后，决定大臣发言内容如下：

“我对此事的发生十分痛恨，实在惭愧，深表歉意。身为大臣，我深知责任之重，会全力协助搜查工作。此外我会彻底查明原因，并公布结果。为杜绝此类事件再次发生，大藏省会坚决实行改革。关于行政治理的问题，会确立监察官制度等具体方案。对违法人员一律严肃处理。”

这份大臣发言内容已毫无事务人员当初执笔的痕迹，只剩下三家自己所添语句。

---

① 三冢回顾道：“大藏省有一种很深的认知成见，那就是道歉这种行为是不应该存在的。”

27 日零点 4 分，三冢与政务次官、事务次官以及官房长官一同现身在记者会见室。

“在宫川检察官室长、谷内课长助理被逮捕之际，我恳请会见各位。”三冢并没有看着发言稿宣读，而是目视前方开始发言。

在说完“身为大臣，我深知责任之重”之后，三冢突然站起来鞠躬道歉：“我对此事的发生，深表歉意。”政务次官、事务次官以及官房长官也都接连鞠躬致歉。大藏省高官相继鞠躬致歉，这是一场前所未有的记者见面会。

“我并不打算逃避责任，为了恢复国民的信任，承担责任是最重要的。”面对记者团的追问，三冢这样回答后，脑中还未闪出“立即辞职”这四个字。他认为辞职是干部官员们被逮捕之后的事了。

零点 50 分，结束记者见面会从政府大厅出来的三冢，没有回自己在世田谷的家，而是急忙朝着赤坂方向出发了。

在新大谷酒店 5918 号房等待着他的是内阁官房长官村冈兼造。

村冈与三冢要谈论的话题正是辞职的时机。

在解决公共资金问题时，按照梶山静六提出的条件，国会例会的召开比往年更早，定在 1 月 12 日。在众议院围绕 1997 年度修正预算案、特别减税法案、“金融安定化二法案”① 等重要的法案进行审议之时，在野党早已展开攻势。这些法案提出人都是大藏大臣三冢。在野党对三冢引咎辞职的审议也已提上日程。

村冈向三冢一一说明了国会上的情况，非常抱歉地向三冢提议：“虽然于心不安，但预算案通过的同时能请您辞职吗？”首相官邸的意图

① 指《金融再生法》与《金融机能早期健全化法》两部法案。——译者注

是想用大藏大臣的辞职来换取 1998 年度预算案的通过。

当然，三冢也没有异议。他认为，预算案通过最快也要到 3 月中旬，东京地检特搜部关于贿赂性接待的调查一事也会在 3 月中旬有着落。可以在当初所考虑的时机辞职。

三冢回答说："我明白了，就这么做吧。"

和村冈短暂会谈后的三冢将疲惫的身躯靠在丰田世纪的后座，踏上了回家的路。"总会渡过难关的吧。"此时的三冢还存有干劲。

就在天色渐明时，永田町突然风起云涌。

在野党不必说，就连自民党内部也漏出"必须辞职"的声音。上午在国会中度过的三冢，在正午过后，刚进入政府大厅就被带入了大臣室。

龟井静香、樱井新、中川秀直接连打来电话，到下午 1 点时，坂井隆宪、石桥一弥、莲实进等清和会成员也相继到访大臣室。

下午 1 点，讨论特别减税法案的众议院大藏委员会会议终于停了下来。在野党四会派以"大藏大臣重大渎职"为由要求其引咎辞职，甚至使出包含共产党在内的党羽拒绝出席审议的强硬手段。

2 万亿日元的特别减税法案通过后，其具体实施要在 1998 年 1 月。原本想以刺激消费为目标，1 月到 3 月以定额扣除的方式集中实行，但是，如果法案迟迟未能通过的话，这一目标也就难以完成了。还要算上税务处理的时间，众议院通过该法案的最后期限预计是 1 月 28 日。

下午 3 点，同属清和会成员的总务会长森喜朗进入大臣室。政务次官中村、伊藤公介、福田康夫也走了进来。据其中一位出席者回忆："从那时起就判断形势在逐渐变得严峻起来。"

三家从国会上的派系议员那里得知，官房长官村冈已与在野党达成协议："以大藏大臣的辞任来换取法案通过。"同时，小渊派也催促三家做出辞职的决断："再这样下去，就连首相都会被问责的。"森喜朗走出大臣室后，眨眼间，"三家辞任"的消息不胫而走。当秘书官慌忙向三家传达这个消息后，三家用平时不会有的语气吼道："森喜朗只对我讲了国会的情况，可我万万没想到他竟能说出这样的话。"

"是在预算法案通过后辞职？还是通过前？或是在减税法案通过前？"

被迫卷入败走战中，三家脑中划过几个其他选择，却都消失了。又有谁能独自打破派系会长的决定呢。这就是为达到大藏大臣辞任的目的而扫平一切障碍的所为啊。凝神考虑了许久的三家，下定决心般地喃喃自语道："要通过减税法案的话，我的辞任期限就在今天下午6点左右了。"不是作为政治家，而是作为法案提出者的大藏大臣，三家决定辞任。

"过来，帮我联系下坂（首相秘书官）。我要和首相通话。"下午6点1分，三家拨通了桥本的电话。

"想拜访您一会儿，借您几分钟时间聊聊。"

三家与桥本谈话10分钟后，在他们近前的议员们已经只剩沉默。

"我来承担这次丑闻的责任，请允许我辞去大藏大臣的职务。"坐在首相官邸办公室沙发上的三家突然说出这句话。

桥本此时抱着胳膊，皱起眉头，露出束手无策的表情，陷入了沉默。

从国会和党内的形势来看，桥本也认为三家到了不得不辞职的地步。但此时表露出自己也很为难的痛苦表情，是他作为拥有人事决定权者的基本礼仪。

“三家，让你受苦实在是对不住。这并不是你一个人的错。”

金融危机，紧接着贿赂性接待事件，桥本也同情被舆论倾倒性抨击的三家。

三家说：“我来承担全部的责任。”又补充道：“请让预算法案和减税法案通过吧。我只希望日本不要发生金融恐慌。我想拜托您的就只有这些了。”

“好的，你辞职我真的深表遗憾，我会全力代你做到的，”桥本反复表露出对三家的抱歉，“我们对你做出这样的决定，真的对不起你。给你添麻烦了。我希望下任大藏大臣是个通晓你迄今为止所研究的问题并稳重的人。”

在这之后，官房长官村冈进入办公室，围绕继任者展开三方协商。

首相身边的一人说：“三家大臣其实是没有辞职意向的，但不知何时被人下了套，被小渊派终结了政治生涯。真是万念俱灰啊。”

从首相官邸回来的三家，立即在大臣室召集干部。事务次官、国税厅长官、财务官、官房长官、局长等 15 人在休息室等待了大约一个小时，晚上 9 点过后才进入大臣室。

三家如释重负一般开始发言：“为了‘金融安定化二法案’、特别减税法案、1997 年度修正预算案能顺利通过，我已经有了赴死的觉悟，为了国家和人民，果断辞去大藏大臣职务。”

“我对发生的丑闻感到惭愧，希望大藏省能坚决实施改革。以此次事件发展成如今局面为契机，打破已往的陈规旧习，蜕变重生。我也期待大家能以身作则治理国家，重获国民的信赖。”

干部们默默听着。三家没有对干部们问责，而是打算自己一人承担所有责任后离开。

“诸位也有自己身为公务员的立场吧。请拿出你们的自觉去处理政务吧。”

拿出自觉处理政务，究竟是想表达何意，谁都很难理解。

晚上9点20分，结束一番训话的三家，从内阁人事科拿来了辞呈。

辞职请愿

因如今事态，请您允许我辞去当前职务。

平成　年　月　日　国务大臣三家博

致内阁总理大臣　桥本龙太郎阁下

这是一封简短的辞呈。三家用毛笔书写，署名盖上印章，然后转交给了事务次官。辞呈里并未填写日期，三家正式辞职的日子是在第二天，即1月28日。①

“我愧对国民，在此深表歉意。因此我辞去大藏大臣职务。”

结束深夜的记者见面会后，晚上11点前离开政府大厅的三家在车里陷入沉思。直到最后都没说出自己内心的疑惑，为什么小村他们不自发递交辞呈？三家回忆：“大臣和事务次官同心同德，共进共退，即使

① 三家辞职是在1月28日，那天想要拍摄递交辞职信的摄影师们都聚集在首相官邸。但是辞职信却已经在前一晚递交了。遇到这种麻烦的内阁参事官室委托大藏省，希望随便找个人来递交辞职信。然后事务官抱着公文包赶去首相官邸，于是发生了摄影师都把他当作摄影对象的离奇事件。

我不说，他们也知道该怎么做吧。”

三冢作为大藏大臣 1 年零 3 个月。他想以财政再建道路上的中心人物，来换取将来政治上的进一步升迁，但这个美梦被击得粉碎。到最后换来的是孤独的引咎辞职。

桥本的“大藏大臣”选择

官房长官村冈脸色大变，到首相办公室发泄怒火说：“首相，他们想通过降薪就能解决问题吗？这帮人到底在想些什么啊。”

大藏省普通职员被逮捕后，大藏省事务工作人员向三冢提出的降薪案，通过同为大藏省出身的首相秘书官汇报给桥本首相。桥本也同意施行。村冈听闻此事后，立即前往首相办公室，这才有了刚才那一幕。

在自民党网站上要求事务次官小村武立即辞职的言论被接二连三传给桥本。为了维持政权，在提议三冢辞职中扮演着重要角色的村冈也是持同样意见。

不能把责任全部强加到三冢一个人身上。

据首相身边的工作人员说，桥本首相早已考虑忍痛免去小村的职位，“但是能免去小村职务的人事权由各省厅大臣管辖，我反而没有权力”。这么说着的桥本也无法付诸行动。越级介入三冢的人事任命权也不合乎情理。

另一方面，当时小村也在苦恼该如何应对贿赂性接待一事。

围绕着降薪案，他在与三冢意见相左后，向周围人发泄说：“果然，我的结局也是辞职吧？”

小村也和三冢一样，当初即便预料到东京地检特搜部的搜查，也认为不应如此轻率地引咎辞职。事务当局也觉察到从普通职员到官员都有嫌疑。假设顶层官员无法回避辞任的话，引咎辞职就是此时的最佳方案。这是事务工作人员的判断，三冢本人也表示愿意辞职。

甚至，也有人担心小村的去留会成为日本政府官员的恶劣先例。因为到目前为止，没有因为普通职员被逮捕，事务次官就立即辞职的先例。小村的辞任将来有可能会为官员机构开一个不好的先例。

深思熟虑后，小村在28日黎明的记者见面会上否定了自己将要辞职的说法。

“我会尽我最大的努力，让大藏省重焕新生，这是我的首要责任与义务。请大家见证我们是如何做到的。”

当时在场的小村亲信也证实说：“当时他确实没有辞去次官的想法。”但是，没想到事态往后如此严峻。

在三冢表明辞职意愿之后，各派阀的想法不一，导致下任大藏大臣人选迟迟未决。① 另一边，三冢辞职是在28日早上8点，直到下任大藏大臣就任，这期间大藏省群龙无首。

所以，桥本不得不兼任大藏大臣，以填补这期间的人事空白。据他后来回忆，作为首相，是不被允许干涉大藏省人事安排的，但是兼任大藏大臣的话，一切都变成可能了。于是，桥本觉得比起搁置新大藏大臣人选的难题，还是自己去找到新大藏大臣吧。

---

① 三冢推荐了同属清和会的宫下创平，但是党内有人反对说，宫下已从大藏省退休，接下来被推举的森喜朗强烈拒绝任职，梶山静六也没有接受。最终，众议院预算委员会会长，原检察官，松永光从众多候选人中脱颖而出，于1月31日任职。

28 日上午 8 点 58 分，桥本把小村和大藏省官房长官武藤敏郎叫来首相官邸办公室，询问他们如何看待责任归属问题。在长达 50 多分钟的谈话里，小村始终坚持认为要以官员的降薪方案来应对本次危机，且毫无商榷的余地。桥本却放话："总之，你在我兼任大藏大臣期间，递交辞呈吧。"

送走小村和武藤二人后，桥本对内阁官房长官村冈等人说："我已把话放在这，他们在我兼任大藏大臣期间都递交辞呈吧。"果然，桥本还是很在意对他怒吼过应该更替政权的村冈的那番话啊。另一边，据小村身边亲信透露，从首相官邸出来的小村竟无比轻松。[①]

从官邸返回大藏省的小村和三冢进行了最后的寒暄，在离开时，他侧着耳朵，低声询问政务秘书官西村明宏："三冢大臣也认为我应该辞职吧？"

西村此前曾提议三冢免去包含小村在内的干部，三冢并未采纳他的提议。确实，当时三冢对他说过，要是主动辞职的话，以后还有翻身的机会。但是此时，西村却面不改色地回答小村："不不不，我觉得三冢大臣是不会这样想的。"

听到这句话的一瞬间，小村脸上浮现出安心的表情，也在心里下定了决心。在之后展开的事务级别干部会上，小村宣布："我们不能辜负三冢大臣的辞任，让我们一起为大藏省的改革贡献力量吧。对于这次丑闻，责任全在身为事务方最高长官的我，我想做一个了结。"[②] 听完小

① 据大藏省干部证实，在办公室里并不是桥本下达的递交辞呈的指令，而是小村说："我也会递交辞呈，具体时间就拜托首相了。"

② 摘自 1998 年 2 月 3 日参议院预算委员会会议记录。

村的决定后，证券局长长野厖士说:“那我也辞职吧。”就在这时，连全体官员都应递交辞呈的意见都出现了。

不过，也有局长级别的人不愿承担连带责任，导致意见无法统一。最后小村责备他们说:“留给你们应做的事还有很多啊!”结束了讨论。

小村在傍晚通知大藏省官房长官武藤说:“今晚我要去一趟首相官邸，你就不用去了。”小村早晨和桥本谈话时决定的是在一周内递交辞呈。但即使到了下午，对自民党干部小村的抨击也未能平息。小村认为，在这种状况下，带着武藤一同前去首相官邸的话，两人都不得不辞职了。于是小村指示武藤在大藏省等候，不要一同前去首相官邸。

晚上9点，进入首相官邸的小村看到了在接待室里的武藤，不由得大吃一惊。其实，武藤也是自己打电话给首相秘书官，申请与小村一同出席。

首相官邸有三个接待室。从玄关进入后，走进左手边最狭小的接待室的小村，对这次丑闻事件进行道歉后，便向桥本传达了自己想辞职的想法:“我辜负了国民的信赖，实在是非常抱歉。没能做到三冢大臣这样的辞任方式，也没能达到大臣们的期待，我对此深表歉意。作为负责行政事务的最高长官，我决心承担这次事件的全部责任，向您表明辞职意愿。”

此时的桥本早已是一副神情舒畅的样子，喝起酒来。他对小村说:“我非常理解你的心情，做负责人就是这样的。到明天为止，再考虑一晚吧。”并没有挽留小村。继三冢之后，小村的辞职也下了定论。①

听完二者的对话，武藤忍无可忍，插嘴说:“我不能让次官一人承

① 三冢回忆起当时的复杂心境说:“我也不是没有想到事情最终会变成那样，但我也只能感到遗憾了。”

担所有的责任。我也必须辞职。”

对于武藤想与他承担连带责任的发言，小村并未打断。然而，桥本却识破了他的意图说：“原来如此啊，不过，我也还没有想让小村辞职的打算呀。”

稍作思考后，桥本又解释：“今后可能还会发生很多事，还有很多事情也都需要去做，不是辞职就可以解决问题的。”接着又说：“但是什么都不做也不行吧。”

不顾小村的反对，命令武藤从官房长官降职：“你先降职忍耐一段时间，再复职吧。”①

桥本的决断也定下了。之后他给小村与武藤递上酒，给他俩开了小型慰劳会。中途大藏省出身的秘书官也加入其中，桥本热情高涨地聊起了他年轻时做社劳族议员的往事。这就算是强制让小村做出痛苦决定的补偿吧。

29 日，小村正式向桥本递交了辞呈，给他近 35 年的政治生涯打上了终止符。接替他的是从大藏省调职为内阁内政审议室长的田波耕治。

辞职后过了段时间，小村给大藏省官员与家人写了封信。此处摘录了 1 月 30 日向职员告别的寒暄全文。

> 得到许可后，我于 1 月 31 日辞去职务。自昭和三十八年进入大藏省工作以来，这 34 年零 10 个月于我而言十分幸运，且意义非

---

① 1998 年 5 月，武藤从官房长官降职为总务审议官。之后在第二年 7 月的定期调职里被升为主计局长，随后 2000 年 7 月升任大藏省事务次官。

凡。(中略)

对于这次的丑闻，我在此向全体国民谢罪。全部的责任皆在于我，此后我都是背负十字架的罪人。我能感受到每日工作到深夜的职工与他们家属的怒火与悲愤。每每想到我正值少年敏感期的孩子们在学校里该如何面对友人，我就心痛。

我想请各位以作为在大藏省工作的职员为荣。大藏省的员工如果不具有让人夸耀之处，那便等于没有存在的价值。请大家带着自豪与责任感，与新次官携手不断精进，一起让大藏省焕然一新。感谢大家对我的关照。

小村 武

小村的信被记录在2月3日的参议院预算委员会的会议记录中。作为参考者，小村在辞职时吐露了自己的心声："我也曾询问过三冢，我该如何进退，他说他选择了作为政治家承担其责任，我作为行政官，也要基于行政官的准则做出自己的判断。所以我向三冢陈述了我作为公务员也要承担公务员责任的要点。考虑到如果大臣与次官在同一日发表辞职声明会给职员带来不安和动摇，所以我得到了一日的宽裕时间……（后略）"

不是被解任，而是主动辞职。

这就是满溢着小村呐喊的信。

从大藏省正门进入后，眼前呈现的是大厅前连接5楼的螺旋状楼梯。东京地检特搜部的工作人员排成队列，走上楼梯。时间已过了一周。

2月2日晚，大臣官房在3楼特别会议室紧急召开了纪律保持委员会会议。官房长官武藤敏郎、秘书长渡边博史，再加上全部局的总务科长等近 20 人出席了会议。

1995 年 3 月成立了以保持纲纪为目标的委员会。第一年为了制定理论规程，进行了 11 次会谈，之后便作为事务联络会，开展的次数也减少了。今晚会议却充满了以往不曾有过的沉重气氛。

管理委员会的武藤终于开口说话了：“此刻关系着大藏省的存亡。失去国民信赖，又失去首相信任，大藏省如今面临着失信的危机。如果再这样下去，大藏省可能会不复存在。”

两位现任金融检察官的被捕，给大藏省内外带来了强烈的冲击。在金融机构破产此起彼伏之际，出现了“检察的姑息纵容难道不正是破产的原因吗”这种臆测。深感危急的新大藏大臣松永光就任的同时，亲自对贿赂性接待事件展开了紧急调查。过去 5 年里从金融机构受到接待的日程、场所、对象、大藏省出席人员、费用负担分配等，事无巨细，全部被官房要求记入纲纪关联调查问卷上。

记入的要点如下：在“场所”栏填写餐厅、高尔夫球场等的名称及地址。在无法确认时，应当填写“新桥的餐馆”“新桥附近”“不明”等范围。在“费用负担”栏填写“对方付款”“平摊”“负担一部分”等具体情况。行使检察、认可以及其他行政权限的场合，或是接受对方职务关联的委托的场合都要记录下大致内容。调查问卷是根据每位工作人员的职位内容所制作的。

纪律保持委员会在分发调查问卷时，目的是向各部门作为服务管理责任者的总务课长传达调查的主要内容。但出席会谈的人不约而同地发出了异议和疑问：“为什么只把金融机构人员作为调查对象？国有公司与公团也有接待的情况。”“调查的标准难道不是模棱两可吗？”

武藤回复说:“现在的问题是检察和接待之间的关系。所以才决定仅限于相关职务权限之上开展调查。”

调查问卷的发放对象是过去5年间在金融监管机构担任课长助理以上管理级别,且现在仍在职的人。仅限定在金融机构中负责检察、监督职责的官员。由于东京地检特搜部的搜查主要基于权力上的利益输送和接受来自金融机构的招待这两点展开,所以在泡沫时代,即使在银行、证券局接受过招待,但此后在主计局和主税局任职的人可免受调查。

听到传闻后的银行局年轻官员们蜂拥至总务科长室,气势汹汹抗议道:“为什么只有我们需要接受调查?这不公平啊!”随后,其中一名中坚干部责问道:“如果附上银行名字的话,即使对方是日本开发银行也必须报告。但是公社、公团的话,不管如何接受他们招待,都不需要追究责任。采取这样的双重标准合适吗?”

之后调查对象扩大到过去5年间担任过金融监管机构管理层的在职者。最后,就连再以前任职过的人也收到了调查问卷。

围绕调查对象议论纷纷的纪律委员会接着又对调查的实效性展开了讨论:“自我申告地填写问卷,这样的调查是有局限性的,不是吗?”因为没有强制调查权,无法确认问卷申告内容是否真实。有人批判说:“诚实填写的人会被当作傻瓜的。”这样的做法,谁都不会合作的吧。

但武藤并没有动摇:“检察方掌握着银行、证券局等接待方的信息。即使我们想要隐藏真相,也无济于事。他们日后如果知道我们隐藏真相的话,我们会受到严厉处罚的。所以在这种情况下,我们不得不彻查到底。”

在最高长官辞职,武藤与小村去首相官邸的1月28日的夜里,作为普通职员的金融交易管理官大月洋一在东京都内的宿舍里上吊自杀了。

武藤下定决心，现在只能彻查到底了。“彻查到底”这句话淋漓尽致地展现了他对于贿赂性接待丑闻曾采取姑息做法的痛恨。

1995年3月，东京协和、安全两个信用联合社破产，当时东京税关的关长田谷广明的接待问题被提上国会。据说当时信用联合社的理事长曾乘坐私人飞机去香港旅游。

1968年就进入大藏省的田谷，那时世人皆知，他是候补事务次官。可能受到这个原因的影响，当时的齐藤次郎事务次官与小村官房长官并没有按照国家公务员法处罚田谷，而是只按照内规给了他一个警告的处分。与田谷一样，被认为是66年组候补次官的主计局次长中岛义雄也在同时被给予了处分，但也只给出了被接待打了两次高尔夫球和吃了两次高级料理店的简单说明。

1995年7月，中岛被怀疑有非法储蓄财产。在媒体的一片骂声中，他最终递交了辞呈。大臣官房以“无法调查退职人员并给予处分”为由搁置了对中岛的处分。在这之后，对于中岛所得税申报时的漏税行为，也没有被告发违反税法。在此期间，一向处事谨慎的田谷也以递交退职请求的形式离开，最终，过度接待事件的全貌仍蒙着一层面纱。

据大藏省干部后来回忆：“如果想保住某一小部分官员的话，只能不断掩饰圆谎。”免费使用生命保险公司提供的手机，接受石油批发商赠送的绘画，等等，诸如此类的问题接连出现，但大藏省的调查和处罚依旧是睁一只眼闭一只眼，因为毕竟存在田谷、中岛这样的处理前例。

1997年7月，涉嫌接受第一劝业银行的接待，金融检察部的两名官员受到警告处分。大藏省表示，他们的这种行为给社会造成了不良影响，有损公众对公务员的信赖，但接待程度并未达到需彻查的程度，所以不会对其进行进一步调查。但是半年后，当时受到警告处分的其中一名人员就因收受贿赂被东京地检特搜部逮捕。这就足以证明大藏省对内部员工姑息养奸，毫无自净能力。

官员们一直以独有的法律解释在强词夺理，他们认为只要不是收受现金，和业者进行利益交换，就不算是贿赂性接待。加之，大藏省也曾有过“将过度接待视为敢闯危险之桥，是有能力的证明”这样一种时期。因田谷、中岛问题影响，纪律保持委员会设立的伦理规程也被逐渐遗忘。

金融检察部的两名官员被逮捕之后，大藏省内14人名单复印件悄悄地流到外界。这份在被多次复印后字迹已模糊不清的名单上，印着现任局长、课长、检察官等12人以及日银干部2人的实名。这是东京地方检察厅要求接待银行提交的搜查对象一览表。

接下来会轮到哪位官员落网呢?

对搜查的恐惧与疑云正在大藏省内部蔓延，纪律保持委员会上被要求以调查官的身份参加调查的总务课长们都叫苦不迭，“从我们的立场而言，很难进行调查啊。”“秘书科无法替我们调查吗?”

官房长官武藤劝说他们：“大家都是各部局的管理责任人，希望能站在负责人的立场对人员进行调查与面谈。在此基础上，检察官会进行最后的调查。”同时，斩钉截铁地说道：“即使最后的结果是几百人要被处分，那也绝不姑息。这次我们必须彻查到底。”

委员会临近结束时，一直沉默不语的一位出席者说："身为官员的我们难道不是应该率先接受处分吗？如果不这么做的话，大藏省可能会有面临崩溃的一日。"

大藏省内的断层不仅出现在金融部门之间，也正在逐步扩大到官员与普通职员之间。

被逮捕的宫川宏一和自杀的大月洋一，都是检察、监督部门中优秀的普通职员。大月出殡前那日，各局的普通职员一直工作到了傍晚，相顾无言，离开单位回家。只有官员们默默在灵前守夜。普通职员认为，官员与我们接待的层次都不一样。可为什么被逮捕的却只有普通职员呢？

大藏省的官员大约800人，普通职员约有8万人。官员的人事变动与升迁，实际上一直都是普通职员突出的实务能力与丰富的工作经验在支撑着。在工作现场，普通职员士气低沉的话，会给大藏省带来政务停滞的危险。大藏省内出现的裂痕，只是大藏省组织崩溃的序章。与此同时，谁都没想到这样的分裂会影响到之后的金融破产处理。

日本的责任

贿赂性接待与高层官员的辞任，使得日本经济的指挥塔被不断动摇，与此同时，以美国为中心要求扩大内需的国际声音又越发高涨。

出席自1月29日开始在瑞士东南部举办的达沃斯国际经济论坛的大藏省财务官榊原英资，在大会上受到了来自国际社会上猛烈的批评与非难。在以亚洲经济危机为题的讨论上，麻省理工学院的鲁迪格・多恩布什（Rudiger Dornbusch）教授猛烈讽刺说：“独善其身的错误政策正在成为影响世界经济的严重问题。韩国人为了成为与日本人一样而每日祈祷，其结果是遭受他人白眼。不过，停止这样的祈祷还能亡羊补牢。”多恩布什、乔治・索罗斯（George Soros）在与榊原的唇枪舌剑中甚至说道：“这样做，日本就如同死了一样。”

虽然榊原反驳了回去，但这样的批判早已不绝于耳。

1 月 21 日，在华盛顿的乔治敦大学里发表演讲的美国财政部长罗伯特・鲁宾阐述了他的观点：“日本应该采取措施使其金融系统稳定，扩大内需，然后再朝着开放市场方向前进，这些措施是生死攸关的重要举措。”并发表了煽动性言论：“日本弱是亚洲弱的根本原因，日本如果实施强有力的行动措施，会使亚洲，甚至国际经济都获益。”

2 月 4 日，出席公证会的前副国务卿罗伯特・佐利克（Robert Zoellick）在美国上议院财政委员会上，使用了“外压”这个日语词汇，呼吁有必要对日本进行施压，“从以往经验来看，对日本最有效的方式就是施压。我们应该在 G7 峰会和亚太经济合作组织（APEC）峰会上鼓动各国，集体向日本施压”。

美国经济研究所所长弗雷德・伯格斯坦（Fred Bergsten）主张：“当被问及哪个国家做得不好时，既不是印度尼西亚，也不是韩国，更不是泰国，大家会明确说，就是日本。我们要尽可能在 G7 峰会上对日本施压，应该能让日本也行动起来。”

从榊原的分析来看，造成严重亚洲金融危机的原因之一就是 IMF 强迫印度尼西亚等亚洲国家实行统一的紧缩性财政与金融结构改革计划。“难道不是因为他们不想承认这些政策上的失误，所以才把亚洲经济危机和日本经济低迷强制性结合在一起的吗?”榊原焦急万分却无法阻止这种“外压”。

2月13日，驻美大使齐藤邦彦以及驻美公使岩下正访问了美国财政部，一个月前，官房副长官额贺福志郎也访问过。这次访问并非日方主动出击，而是被美方传唤。

此次来迎接的三人分别是财政部副部长萨默斯和两名助理。萨默斯的措辞比以往更加直截了当："我想在此传达我们对日本经济金融问题的担忧。首先关于经济政策，对日本政府转变政策的期待稍稍刺激了市场。但是，基于这种期待的市场是无法长期持续下去的。现在所采取的措施要么力度过小，要么行动过迟。”“大规模的财政刺激计划，有必要在新年度开始前发表。即使是10万亿日元规模，也不吃惊，我们认为也许有必要实行更大规模的财政刺激计划。”

作为财政结构改革和社会保障改革中的一环，桥本内阁从1997年开始将消费税提高了2%，同时取消了2万亿日元规模的特别减税，并且提高了个人医疗费承担比例。通过这三套组合方案，据估计全年财政收紧达到了约9万亿日元的效果。这也意味着，萨默斯要求10万亿日元规模的经济对策，恰好原封不动地填补了这9万亿日元财政紧缩的效果。

萨默斯紧接着提到了金融系统对策："对于日本公共资金的使用方法，美联储和美国货币监理署的专家学者们都充满担忧。过去7年间，日本对其金融问题所采取的对策实在笨拙，已成为国际信用问题了。”萨默斯举出了以下四个具体问题：

一、对健全金融机构的资本强化支援不添附严格的条件是不行的。

二、资产，特别是不良资产的流动性不充分。

三、存在用公共资金购买私营公司股份的问题。

四、整体战略也存在疑问。如果对所有大型银行都使用公共资金的话，会降低国际信用。

“指出以上四点问题的确不是一件让人愉快之事，但美国非常关心日本能否从这次危机中重新站起来。”这四点担忧在1997年年底鲁宾寄来的信中被简明易懂地解释了。30万亿日元的公共资金额度，特别是资本注入额度，被美国财政部当作给危险银行的补助金。

齐藤回应道：“您的意思我会传达给东京，恳请您直言不讳提出意见。”并不忘叮嘱萨默斯：“希望您能谨慎进行公开评论，面向国际社会公开批判日本政策是毫无建设性的。”

萨默斯立马反驳道：“过去数年来，你们的确是按照被批判的那样所做的，结果实在是令人失望。”

齐藤也再次反驳道：“过去的做法也许是有些僵硬，但是这次情况完全不同。政策态度是非常灵活的，但如今在野党在窥伺良机，如果再受到国外，特别是来自美国的压力的话，情况就变得复杂难办了。”并补充道：“1998年度预算如果没有在国会上通过的话，追加经济对策也无法公开发布。如果在国会召开之前公开发布的话，追加经济对策就要包含在预算案里，预算案的通过自然而然就会变得更加困难。按我的理解，政府的考虑方式是先商讨追加经济对策，预算案顺利通过后再进行追加经济对策的发布。”

日本政府讨论过追加经济对策，齐藤的发言是经过深思熟虑的：

“我上个月回日本，关于这个问题，在与有指导性立场的人谈过话之后，我获得了非常大的勇气。”

齐藤是 1 月中旬回的日本，与桥本等人见了面。有指导性立场的人代指谁并不清楚，但桥本在回答“想努力让特别减税在新年度成为必要环节”之时，“追加经济对策”的可能性也悄悄地传到了驻美大使那里。

齐藤发完言之后，话题基本集中在金融问题上。

萨默斯提出：“日本金融监督者的人数太少，不大幅度增加监督者和检察官的人数的话，是得不到世界金融界信赖的。”与齐藤同行的大藏省出身的岩下公使解释说：“监督者和检察官的人数不是一时半会就能增加的。”但萨默斯对银行行政本身产生了疑问：“大藏省过去说不会让 19 家大型银行破产。而过去 7 年间，日本股票上涨最多的时候却是北海道拓殖银行破产的第二天。”岩下回答道：“大藏省也表示过不会救助那些债务过重的银行，并会让其破产。”

萨默斯继续说道：“大藏省仍未理解所谓市场的不信任意味着什么。如今大藏省已失去信任，无法再予以委任。日本政府也在过去数年里，不顾我方警告，不断重复着失败。”萨默斯的发言暗讽了因贿赂性接待丑闻而引咎辞职的大藏大臣、事务次官。

此时，齐藤忍无可忍插话道：“此次同以往的情况完全不同，发生了很大变化。包括拓殖银行、山一证券在内，这些大行的破产我们都已承认。最近发生的丑闻也成了我国改革的推动力。只是对于金融系统的信任恢复的确迫在眉睫。我们必须控制这种银行相继破产的事态。我认为大藏省的工作人员都是非常有能力、有知识且勤奋努力的。金融问题如果不由大藏省来解决，还有谁能解决得了呢?”

遭到齐藤反驳，显得扫兴的萨默斯这样回应道：“我再次总结下，扩大内需、稳定金融系统、放松管制这三点，刻不容缓。我方已耗尽耐心。”①

驻美大使与美国财政部副部长激烈的对谈在传到东京的同时，大藏省财务官榊原也收到了一封信件。寄信人是 IMF 的副专务理事斯坦利・费希尔（Stanley Fischer）。费希尔是麻省理工学院的教授，萨默斯是麻省理工学院的研究生。榊原在 1980 年担任哈佛大学的客座教授时，与费希尔、萨默斯相识，三人也成了能自由发表意见的好友。

费希尔的信以“亲爱的榊原”开头，落款日期是 2 月 13 日，这也正是齐藤与萨默斯会谈进行的那天。

“2 月，IMF 调查小组访日，通过与大藏省的交流，预计更新对日本经济现状的分析。但是，即使不考虑此次分析的更新，日本经济的整体状态也一览无遗。”费希尔根据 IMF 所分析的每季度日本财政收支的变动情况，得出了如下结论：“最近公布的减税，是因为 1998 年上半年日本经济相当低迷，为了规避下半年发生重大经济下滑，必须尽早采取行动。这是 IMF 分析所得出的结论。1998 年下半年预想的财政收紧，会将日本经济再次置于威胁之中。”并在其后补充写道：“对于这点，我们想在 2 月 21 日的 G7 峰会上提出的探讨资料里指出，以促进追加经济对策的尽早施行。”②

---

① 摘自齐藤与萨默斯的会谈记录。

② 摘自费希尔寄给榊原的信。

这封添加了几张 IMF 分析数据的信，仅 300 多字，却包含了 21 日伦敦 G7 峰会前对日本的要求。榊原非常为难，开年后美国对日本的要求越发严苛，再加上 IMF 对于日本责任的问责。不记得是 1 月上旬还是 2 月中旬，但榊原记得就是在这段时间里，遭到了货币汇率管理者同僚们的非议。①

由于萨默斯给 IMF 的专务理事米歇尔·康德苏（Michel Camdessus）说，无论如何都想见榊原一面，榊原只好取消了原本定下的第二天前往纽约的行程，去了肯尼迪国际机场附近的酒店。一进酒店就发现，G7 财政部副部长都聚集在那里。英法德意的次官们都乘坐波音飞机而来，在榊原不知情的情况下安排了这次 G7 财政部副部长会谈。

在接近半日的临时会谈里，榊原回忆说："那就是一场对日本的攻击。"不只萨默斯，各国代表都一一对日本的经济政策提出非议，质疑日本应如何解决追加财政支出以使内需得到扩张，以及不良债权问题。

"他们说的都有道理，但是不可能在预算审议中宣告追加经济对策啊。"除了顶住重压忍耐到预算案通过，榊原别无选择。②

接任三冢大藏大臣官位的松永光也开始遭到指责。

2 月 20 日下午 3 点 51 分，松永在参议院预算委员会上说明 1998 年度预算案的主旨后，赶往了成田机场。由于此时已没有直飞伦敦的航

① 1998 年 1 月到 3 月间，榊原两次到访纽约。第一次是 1 月 8 日到 10 日，第二次是 2 月 18 日到 19 日。只是在第二次访问后立刻前往伦敦参加了 G7 峰会，因此 1 月份遭到抨击的可能性非常高。

② 据大藏省干部回忆说："华盛顿对日本的围攻，是有计划且非常明显的。亚洲经济如此恶化，都是日本一手造成的，如果美国股价下降了，这也是日本的原因。像这样的信息接二连三传出，将日本逼入了绝境。"

班，为了赶上第二天早晨的日美财长会谈，只能先转机芝加哥再前往伦敦。更糟糕的是，松永前几天刚染上了重感冒。即使在出席国会前服用了退烧药，体温却仍在不断升高，在芝加哥转机时顶着39度高烧。秘书官们为了不让他受打击，便未将体温值告知他。在换乘时，秘书官们还在探讨缺席G7峰会的可能性。

在从芝加哥到伦敦的飞机中，松永躺在头等舱，盖着好几床被子睡着了。

要让松永成为大藏大臣的要求是在1月30日的中午被提出的。作为众议院预算委员长的松永，在午休时接到了官房长官村冈兼造的电话，让他下午5点到官邸去一趟。也就是被召见。松永给同党派的中尾荣一打电话说："有人给我打电话，让我5点去官邸一趟，这是怎么回事呀？"中尾鼓励他说："是让你接任大藏大臣吧。你就接任吧！"

虽然松永担任过文部科学大臣、通商产业大臣等职务，有着丰富的从政经验，但要担任这一关键时期的大藏大臣却是非比寻常的压力。

犹豫的松永找到前首相中曾根康弘请教说："我该怎么办呢？"

"松永啊，所谓政治家，的确是会在特殊时期被安排上出乎意料的工作的，我认为这就是作为政治家的任务，请你好好接下这份工作。你肯定没问题的。"

得到如此回复的松永下定了决心，下午5点踏进了首相官邸。

办公室里，除了桥本，还有自民党的高官以及参议院议长也等待着松永。担任总务会长的森喜朗当时是三家职位的最佳候补人选，但是森喜朗强烈拒绝任职，于是松永便成为这一职位的第一候选人。

松永开着玩笑说："森啊，要不是你拒绝了，这一重任也不会落在我身上啊。”

“行了，在现在这种场合就不要说这样的话了，你就接受任职吧。”

松永听完森喜朗的话，只好苦笑回答：“我知道了。”

新任职的大臣一般要接受被称为“御进讲”的各部门说明。大藏省的说明包括所管辖的财政、税制、银行、证券、保险、国际金融、国有财产、关税、造币等多个部门，大概持续一周以上。但是松永在2月2日上午事务接续仪式完成后就必须直接奔赴国会，处理《修正预算案》与《金融关联法案》等国会审议，所以他并没有听御进讲的时间。每天早晨，就当天的国会质询，秘书官会进行一个简单的讲演，一边确认预想问题，一边处理审议，成了松永的日常惯例。金融危机的实况、国际货币制度的历史背景等在G7峰会前必须了解的知识，松永并未掌握。①

2月21日清晨。在飞机上睁开双眼的松永退了烧。下飞机后从希思罗国际机场前往伦敦市内。但他连到酒店休息的时间都没有，就开始了第一次日美财政部长级会谈。

“日本经济脆弱。全世界都在注视着日本。”鲁宾财政部长的话在疲倦不堪的松永耳边回响着。“对减税与公共事业建设的提前投入评价较可。但是对于1998年度预算案却相对保守。全世界都很担心日本在减税后的下一步行动。”松永回答：“日本政府会优先考虑1998年度预算案的成立。成立后也会灵活应对日本国内外的经济金融形势。”

① 最终，直到7月退任时，松永一次御进讲都没有参加过。松永也说：“作为大藏大臣，这是史无前例的。”

由于国会对预算的审议一直持续不断，外界对预算案的支持也到了极限。“灵活进行”这一关键词被反复使用着，以最大程度对应预算案成立后的财政动向。松永回顾说：“到1998年度预算案成立为止，只能说经济向着好的方向发展。”

在财政部长级会谈后的G7峰会上，松永也强调：“减税是会有效果的。因为是特别减税，所以效果会突然集中性表现出来。”但是美国财政部副部长萨默斯却再次反驳他说：“如果停止减税的话，是不是就会回到从前的状态呢？消费者在那时已拥有想要之物，消费就不会增长了。”作为著名经济学者的萨默斯时常引用经济理论进行探讨。榊原回忆，当时的美国对日战略是根据以萨默斯为首的学者的理论框架建立的。

“合理消费者存在的话，一时的减税是并无效果的。有效的对策是持久性减税抑或跨期替代。这就是萨默斯一直以来的主张。”所谓跨期替代，是描述不同时点间替代性的经济学用语，比如刺激住宅的购买税收安排，把将来的住宅投资引进现时点，也就是消耗未来需求以扩充当下需求的思考方式。萨默斯每次见到榊原都会对他强调这点，并质疑说：“你是不懂经济学吗？”①

在G7峰会上，除了萨默斯，德国和法国的财政部长、IMF的代表也一一提到了日本的问题。松永只好回答：“先让预算案成立，再灵活处理。”在会议后的共同声明里，对日本经济进行了如下记载。

“日本经济持续低迷，日本政府预见性低。为恢复经济，日本政府必须为强化金融系统想出对策，提高经济开放度，对金融其他部门的规

① 榊原回忆，自己也明白跨期替代的有效性，几次在大藏省内游说住宅减税与耐久消费减税，但是主税局始终不肯接受，最后只实现了一部分住宅减税。

制改革也是必需的。我们赞成迄今为止金融系统的大爆炸改革的进展。IMF 的看法是，现今为扩展 1998 年的经济活动，有强烈的理由进行财政刺激。”①

其实在 G7 峰会的前夜，围绕在英国财政部里所展开的 G7 代理财长会议的共同声明也进行了激烈对话。议长国所提出的原案是：“日本政府的预见性极端低下。”而在“有强烈的理由进行财政刺激”这句话之前也是没有“IMF 的看法”这一定语的。在最后关头，榊原他们挽回颓势，最终将“极端”一词删除，并加入了“IMF 的看法”。但即使如此，迫使日本扩大财政支出的整体基调也并未消减。即使已经拼尽全力，也毫无侥幸，日本被逼入了绝境。

二十一问的询问函

看到日本金融系统的国际社会，对于日本财政运营的批判越发严厉了。

“为什么富士银行没有破产呢?”

美国财政部高官突然的发问，让银行局审议官中井省瞬间哑口无言。

1997 年秋，因为金融危机，日本银行在国外的信用急转直下，筹集外汇的附加利息已经超过了 1%。市场也关注着，“接下来会是哪家银行倒闭?”但富士银行的上榜是谁都没有想到的。

“让我来说明一下吧。第一，大藏省没有强制让银行破产的权限。

① 摘自 1998 年 2 月 21 日的 G7 声明。

第二，假设富士银行破产的话，这样大规模的银行破产，对日本经济也是重重一击吧。为了停止富士银行的运营而去断掉其融资，这样胡乱放肆的行为对经济也有不利影响吧。这样的过程，会让日本经济垮掉的。你们明白吗?”

根据中井所说，美国财政部从1997年年末到1998年年中，一直在迫使日本进行不良银行的破产处理。美国根据自己在20世纪80年代后期处理银行危机的经验，希望能将不良债权从资产负债表中除去，认为对不良银行的处理，打破当前局面是唯一的解决途径。

财务官榊原也感受到了同样的压力。萨默斯等G7的财政部长，每次讨论都谈到要将不良银行进行破产处理，以迫使榊原采取行动，同时他们也提及了个别银行的名字。

榊原证实说："美国并不反对公共资金注入，但害怕日本会拖拉不决，反而将这些不良银行一一扶持，延续其经营。"

但是对大藏省来说，美国的主张也不过是欠斟酌的忠告而已。

"美国并没有实际经历大型银行的破产。即使到目前为止被认为是最大经营危机的伊利诺伊大陆银行，其规模也只不过相当于日本地方银行。① 美国只依据自己的标准和经验，却不看他国的实际情况。"中井回顾说。其实，"大型银行一旦破产，日本经济也会陷入危机"。中井对美国财政部高官说明了自己的看法，数月后，一语成谶。

驻美大使齐藤和萨默斯会谈后，IMF的副专务理事费希尔给财务官

① 1984年伊利诺伊大陆银行陷入经营危机，提出了前所未有的补救措施。虽然论资产规模是全美第八位的大型银行，但是其资产却只有400亿美元左右。

榊原写信的2月13日，还有一份“对日要求文书”从伦敦寄出了。寄件人是英格兰银行的执行董事默文·金（Mervyn King），收件人则是日银理事永岛旭。

“上个星期在伦敦举办的G7峰会上，关于日本金融安定化计划，针对贵国将如何实施这项计划，想询问几个问题。这也更利于G7各国的理解。”

“本封询问函是基于相互理解支持的精神发出的。我们十分理解日银与大藏省对此问题的重视程度。如果贵国能在21日的G7峰会上回答这些问题的话，我们感激不尽。”

询问函的开头使用了郑重礼貌的措辞，但里面的问题却十分冒昧。

一、19家大型银行中，不管哪一家，只要被认定是负债过重的银行，是否会要求其停止运营？

二、19家大型银行公布的净资本比例在多大程度上是正确的？

三、在不良债权和保有股票的会计准则的基础上，是否意识到被公布的净资本比例过分夸大，超过了实际可利用的资本？

四、认定破产的银行标准是什么？

五、认定接受公共资金的银行标准是什么？

六、各银行接受多少公共资金的标准是什么？

七、是否允许公共资金被纳入最核心资产？

八、注入公共资金的时间表是怎样的？

九、以日本当局的观点来看，最近公布的不良债权，是否对恢复信用有作用？

十、为了增加透明度，增设的外部监察等是否起到额外效果？

十一、存款保险机构是否应该肩负保护存款者和向银行注入资本这两个职能?这样一来,是否增加了对负债过重银行继续给予支持的可能性?

按这样基调所提出的问题达21项之多。①

作为一个金融专家,所问的尽是让人觉得幼稚的问题。日本方面当局者回忆说:"1/3是他们不清楚金融系统对策的情况,希望我们告知的是常识性的简单问题。剩下的2/3是质疑日本是否清楚明白事情的严重性,是否有干劲等这样愚蠢的内容。"

英格兰银行之所以寄这样的书信,是因为英国在这一年担任G7的议长国。对英国的银行与证券公司的监督权限在英国金融服务管理局(FSA)手中,无论是英国财政部还是英格兰银行都无权干涉。但是因为FSA不能参加G7,所以曾持有监督权的英格兰银行收集了各国的意见制作成了询问函。经相关人员证实,询问函最开始是准备送到大藏省,但财务官榊原认为,"银行局可能不会正面回答问题"。于是建议英国财政部将询问函送到日银。

浏览完信件后,永岛指示对口负责部门的信用机构局做出回复。信用机构局将问题分给了多位员工进行回复。例如对第一个问题的回复是:

没有设想认定19家银行中存在债务负担过重的情况。不过即使发生了这样的情况,金融机能也能维持。

---

① 摘自默文·金寄给永岛旭的信。

看上去似乎是在回答问题，但回避了关于是否关闭负债过重的银行的提问。当局者带着反省的想法回忆说："到最后也只让银行局写了没什么差别的无可非议的回答。"接二连三的金融破产和金融机构不清不楚的财务状况，再加上围绕着公共资金争论的迷失，任谁都知道，对金融当局的信任已经崩塌。

日本金融界到底有多少不良债权？

这一问题长年累月争论不休，金融当局当然有明确的答案，只是没有向外界公布而已。

都市银行	12.85%	365 414 亿日元
长期信用银行	15.94%	83 932 亿日元
信托银行	21.24%	123 810 亿日元
地方银行·第二地方银行	11.29%	214 839 亿日元

中间的数值是 1997 年日银考查局"分类债权比例"的内部数据。右边的数值是 1997 年 3 月末的行业类别融资余额的"非正常债权"额度。4 个类别合计超过 787 995 亿日元。

金融机构在大藏省检查与日银考查之时，根据融资方企业的利息支付状况，把贷款资产分为 4 个级别。企业申告自己资产的健全性。如果本金利息支付上没有问题，就会被划分到"非分类（无须审核）"。如果拖欠利息支付以及放宽融资条件等被认定具有超过正常水平的危险的话，就会被划分到"二分类"。没有破产，但最终回收和价值评判有重大风险时，就会被划分到"三分类"。当融资方被认定为法律上破产或实际上破产，且资金不可能收回或没有价值的情况下，会被划分到“四分类”。“分类债权比例”也就是“非正常债权”的比例。

另一方面，大藏省银行局、官房金融检察部也有相似的数据。但是到现在为止，公布的数据也只是其中极小的一部分。由于需要确定30万亿日元的公共资金框架，大藏省不得不将这些数据公之于众。

1月12日中午，桥本在国会内的大臣室里和秘书官们一同吃午餐。突然，大藏省出身的秘书官坂笃郎拿出资料开始了报告：“银行局从去年年底开始要求都市银行、长期信用银行、信托银行、地方银行·第二地方银行进行资产自我核查，结果现已得出，特此报告。”

二分类债权	652 890 亿日元
三分类债权	87 240 亿日元
四分类债权	26 950 亿日元

按行业分类的分类债权，都市银行、长期信用银行、信托银行等合计543 360亿日元，地方银行·第二地方银行也有大约223 710亿日元，合计约767 080亿日元，① 这与日银的数据基本吻合。

正在吃饭的桥本放下了筷子：“76万亿日元？为什么金额如此之大？”

桥本的表情瞬间变得严峻。在此之前，银行局在1997年9月末公布的不良债权总额也不过才217 300亿日元。实际上，1997年秋发生金融危机的时候，桥本就反复多次地询问大藏省有关不良债权的实况。但“如何认定二分类标准一直在变”，于是就不了了之了。

① 因为银行局是四舍五入以亿为单位公布的数据，所以和各行业的数据合计额不一致。

银行局下定决心公布自我查定结果，是因为“公布不良债权”时就已完全失去了信赖。

以北海道拓殖银行为例，破产前公布的不良债权仅为 11 500 亿日元，破产后的检查却是 22 900 亿日元。单凭这一例，就再也不会有人相信银行局公布的数额。如果一直隐瞒实情，30 万亿日元的公共资金计划就不可能被注入。公布自我核查结果这样的事，即使是在欧美也没有先例，局内也有过“公布需慎重”的言论。但是银行局长山口公生等决定，与其在国会上被迫要求公布，倒不如来个先发制人，所以全国 146 家银行都被要求向银行局提交本行的数据。

对于银行局来说，的确是迫不得已才公布真相，但得到的数额却是此前公布数值的三至五倍，这实在是一个天文数字。桥本问：“为什么会增加这么多？这到底是怎么回事？”坂笃郎回答说：“因为基准变化了，所以数值也跟着变了。”

“这样的大事，竟然在吃午餐的时候报告”，在场一同就餐的其他秘书官们都惊讶得目瞪口呆。

政务秘书官江田宪司说：“不良债权公布的方式不同，结果也会变化。因为护送船队式行政①的恶习不断累积，包含具体财务状况的必要信息到现在都没有上报到首相官邸。”② 桥本也回忆说：“关于二分类、三分类的实际情况，就连当时行政系统也意料不到。”

---

① 所谓护送船队式行政，是一个形象的比喻，形容第二次世界大战后，日本金融体系犹如一支船队，政府的行政指导和金融监管措施都是为了保护这支船队的每一位成员不掉队，顺利到达胜利的彼岸。——译者注

② 1999 年 10 月 29 日，在《JNN 报道特辑》中接受了笔者的采访。

自我核查的公布，让“金融系统病症”的严重性逐渐浮出水面。这就是767 080亿日元的问题债权，完全不进行财务处理一直搁置到现在的事实。

争论不良债权问题之时，准备金率这一概念会时不时被用到。对于公布不良债权额度的坏账计提特别核算比例，大多数银行反复主张，“要订立坏账准备计提率需达到百分之多少才算是健全的标准”。但是，对于自我核查，用坏账计提特别核算比例这一方法，是需要把预备处理的贷款债权算入非核定分类（正常债权）里的。也就是说，76万亿日元的问题债权，不仅包括长期积累下的不良债权，还存在预备处理的贷款债权。

对于这点，一般坏账损失与信托银行的特别保留金，因与坏账计提特别核算一样，每个债权都没有“带条件”，所以可以看作对问题债权的防备。但其额度也只有2万亿日元左右，即使在债权计提特别核算上采取进一步措施，对问题债权整体的坏账准备提取率要求也只有18%。

银行局强烈辩解说：“二分类放宽标准的话，也不会带来直接的损失。”但是，只要不是无须审核的债权范畴，就肯定会发生一定的损失，这是金融专家都明白的事。

有解决20世纪80年代严重不良债权问题经验的美国金融当局，在1993年年末制定了“坏账准备统一准则”。并对金融机构提出如下指导意见，对于无法回收的L核查（相当于四分类）应当期全额计提，偿还十分困难的D核查（相当于三分类）需计提50%坏账准备，S核查（相当于二分类）需计提20%坏账准备。①

① 基于过去的坏账实情，只在正常债权也有一定的坏账准备金积累的情况下，S核查的坏账准备提取率为15%。

但是，如此严格的坏账准备提取率在日本是不存在的。“就因为这样，所以才留下巨额的债权问题却束手无策。”日银的干部说道。

根据日银考查局在1997年实施的样本调查来看，认定为四分类的债权，必须在一年内全额计提，三分类需在第三年计提75.3%，二分类需在第三年计提16.7%。三分类债权的损失发生率比美国标准更高，因为作为担保资产的价格不断下降，经济处于整体下行的局面。

基于此种情况，假设三分类的损失率为75%，四分类的损失率为100%，二分类的损失率为20%，采用上述美国标准计算的话，146家银行的损失额估计超过22万亿日元，而且这22万亿日元全都是未处理问题。①

估算损失22万亿日元。这一试算结果启发了对重大问题的思考。

第一，30万亿日元的公共资金规模未必过大，但反过来思考的话，金融系统的病情会比想象中的还要严重。第二，银行为了尽量弥补预期损失，无法提取足够的坏账准备。也就是说，银行存在持续“事实上的虚假决算”的嫌疑。②

在不良债权和保有股票的会计准则的基础上，是否意识到被公布的净资本过分夸大，超过了实际可利用的资本？

---

① 对于这一估算结果，银行局以“二、三分类估算损失率过高”“只不过是用了日银最坏情况下的数据”等理由反驳。

② 《商法》二八五条第四条中第二项规定，“金融债权在难以收回的情况下，需确定可收回额度的扣除”。在企业会计原则的注释中也有说明，对于“发生的可能性较高，需要合理估计将来可能确认损失的金额”，需作为当期损失记入坏账准备。

英格兰银行种种不礼貌的质问之所以被提出来，实际上是看透了这些问题的本质。

“我们要坚决守护金融系统。必须避免因金融机构破产而引发的信用秩序崩溃与经济危机。”在国会例会的开头，桥本如此宣告。一个月后，2 月 16 日，加入 30 万亿日元的公共资金框架的《金融机能安定化紧急措施法》与《存款保险法修正案》在国会上通过了。

第二天，三个美国人着陆在成田机场，他们分别是美国财政部前副部长罗伯特·格劳伯（Robert Glauber）、波士顿联邦储备银行的埃里克·罗森格伦（Eric Rosengren）、哈佛大学肯尼迪学院的杰伊·罗森加德（Jay Rosengard）。他们作为金融安定化的“临时建议者”特此来到日本。提出让他们三人访日的是哈佛大学教授杰弗里·萨克斯（Jeffrey Sachs）。他被邀请在 1 月 26 日的自民党大会上担任讲师，他对自民党干部提议说，“有能给日本提出良好建议的专家”。担任过金融系统安定化对策小委员长的保冈兴志，发动全国银行协会，实现了此次三人专家团的访日任务。

2 月 20 日，三人在东京银行协会大楼与 11 家银行的主要负责人进行了畅谈。① 他们回国之后，在所送达的 A4 大小的报告书里这样写道：

“如果公共资金主要是为了促进短期安定而被使用的话，在市场接受的情况下，市场的反应会成为决定国外的日本银行命运的主导因素，但这可能会引起更大的短期恐慌。”

---

① 访日任务表面上是全国银行协会主办的，但某都市银行干部说：“是我们并不欢迎的客人。”

“明确处于破产状态的金融机构应全部停止经营。（中略）支援破产的金融机构会带来极大的政治成本。”

“在不能坚决采取行动的情况下，银行的破产时机会由政府主导转变为市场主导。这样容易使原本积极的政府政策走偏。”① 此时的大藏省与全国银行协会完全没有重视这份报告，但它却成了之后金融系统动摇的结果预告。

格劳伯回忆说：“要做出强力下药整改这一决断是非常难的。即使是美国，在期待哪天事态会好转时却反而恶化了。在感叹早日出手就好了的时候，便会明白为时已晚。”②

① 摘自金融安定化政策的访日任务最终报告书。

② 摘自 1998 年 7 月 5 日播放的《JNN 报道特辑》。

第三章

些许抵抗

为什么金融当局会失权

记者招待会上的金融危机管理审查委员会的佐佐波杨子委员长（中间）、今井敬委员（右）、小堀树委员（左）。

（东京，日银，1998年2月27日，©《每日新闻》）

梶山构想的影响

《金融机能安定化紧急措施法》（以下简称《金融安定化法》）于1998年2月16日通过，18日施行。

为实现3月末为止短时间内向银行的资本注入，大藏省银行局与日银信用机构局全力运转着。

在《金融安定化法》中，为了防止资本注入时有不公平的情况，与民间委员交换意见后，设立了金融危机管理审查委员会。委员会设有3名审议委员，加上大藏大臣、日银总裁、存款保险机构理事长和金融监督厅长官，共7人构成。[①] 审议委员是对经济或金融有高深见解的人，同时需得到众参两院许可，由内阁任命。

---

① 金融监督厅长官从1998年6月组织成立之日起便一直缺席，资本注入的审议最终由6人进行。

最初，在国民中受欢迎的住宅金融债权管理机构的中坊公平社长的呼声很高，但没达到就任所需条件，最终入选的是重视中立性的司法界的日本律师联合会会长小堀树与产业界的经济团体联合会会长今井敬两人。

但苦恼的是委员长的人选。

“不是前大藏省官员。是庆应大学的教授，最好希望能是一位女性。”金融当局官员证实，桥本对委员长人选的意向被传达给了银行局。

因贿赂性接待事件的影响，不允许选择前大藏省官员与金融制度调查会的成员。如果是女性的话，就能有一个崭新且清廉的形象。带着这些期望，专业为国际经济学并在桥本母校庆应大学担任教授的佐佐波杨子被推举了出来。

“如果不是首相的意思的话，佐佐波女士是不会被推选的。”银行局相关人员异口同声这样说道。

但是，桥本身边的人反驳说：“乍一看她是桥本方的人事关系，实际上则是大藏省的人事关系。如果是庆应大学的女性教授的话，估计首相也不会反对吧。”银行局其他相关人员也坦率地说：“佐佐波女士是审议会的委员，对大藏省而言，交涉起来也更为方便。因为委员长的选举不是由多数投票推举，而是全票一致通过才能获得认可，所以委员长不是谁都能当选的。”

据桥本身边的人所言，针对中央省厅再编的行政改革会议的委员会选定之时，大藏省也推荐了佐佐波女士，却被官邸拒绝了。至少对于资本注入上不允许失败的大藏省而言，这种推荐之举就毫无疑问反映了委员长的人选。

比委员长人选更难定下来的，是资本注入基准的制定。

对自民党而言，资本注入的目的与其说是金融安定化，不如说是对银行惜贷的对策。1997 年秋天以后，银行的放贷态度越发谨慎，想要维持、改善资本充足率的话，就必须减少风险资产。① 国会审议也将银行惜贷态度作为一种流行语，自民党希望政府能尽快回应。

投入 1 万亿日元公共资金的话，贷款不是要增加到 125 000 亿日元了吗？BIS 制定的国际基准资本充足率为 8%，也就是说作为分子的自有资金增加 1 个单位的话，风险资产就可能增加 12.5 个单位。这样脱离现实的计划却在国会上被一本正经议论着。

但最关键的是，金融界对于资本注入这件事却畏畏缩缩。银行局官员回忆说：“明明不管是哪家银行对资本的需求都是必要的，但枪打出头鸟，让银行开始变得疑神疑鬼，这样一来整个行业都萎缩了。”

1997 年 12 月，银行界对于资本注入的看法是，“会成为政府介入的私企”“接受资本注入的银行很难不被贴上危险银行的标签”。正是这样，经营良好的银行担心资本注入后会被政府介入，以及被贴上经营不善的标签。

再加上大藏省的贿赂性接待事件的影响，在野党与媒体认为向行贿银行进行资本注入不合适。行贿银行立即表现出的对申请资本注入的自我约束态度，实际上也不过是回避资本注入的借口。银行局官员回顾道：“这样下去的话，没有一个银行会申请资本注入的啊，这让我深感不安。”

---

① 在计算资本充足率时，分母为资产。根据风险程度的不同，资产要乘以相应比率。例如，国债的风险程度视为 0%，民间融资风险程度视为 100%。

因此，自民党干事加藤纮一表示要先创造出积极的申请环境，“资本注入也只不过是对银行惜贷问题所采取的对策，并非拯救陷入经营危机银行的手段。如果经营良好的银行不先进行申请的话，便很可能被认为注入资本是危险的”。[①] 政务调查会长山崎拓也亲自去一一说服大型银行的高层们。本应该是银行方恳求的公共资金注入，变成了政府、党派们去恳求银行的奇妙局面。在这种状况下，也很难进行标准严格的审查了。

《金融安定化法》对一般金融机构的资本注入基准的规定是有限定情况的。[②] “对于不是经营上出现明显恶化情况的金融机构，如果不改善自有资本的话，我国金融机能的内外信赖度将会大大降低，同时在信用秩序的维持与国民经济的良好运行方面也会产生重大问题。”所谓“不是经营上出现明显恶化情况的金融机构”，是指“经营并不特别差的金融机构”。

另一方面，对于具体的审查基准包含以下三点：第一，不以经营再建为目标；第二，经营破产的可能性不高；第三，对优先股的处置不是特别艰难。[③]

为了恢复金融机能，尽可能想在更大范围内注入资本，但又必须避免公共资金毁损，这种复杂的考虑被法律包围了。

事实上，银行局长山口公生在国会上反复强调了资本注入用于银行救济：

“对看起来要破产或是预计将要破产的银行投入公共资金属于个别

---

① 1998年1月9日的《朝日新闻》。

② 《金融安定化法》第三条第三项第二号。

③ 《金融安定化法》第二十三条第二项。

银行救济，我们会以避免个别银行救济为前提投入公共资金。”①

“我认为以经营重建为目的，为防止破产而申请公共资金投入的情况，怎样看都是不符合规定的。”②

“如果对象是被吸收合并的银行，作为13万亿日元的投入使用，是否有更合适的对象呢？这就是我提案的想法。”③

但是，为消除惜贷而进行大量资本注入的自民党意向，以及金融界的强烈警戒感，都让具体的审查标准失去了原则。比如，只要有不属于以下两种情形的，就都被认定为符合公共资金投入标准：

一、最近三年间连续年度亏损乃至没有分红。

二、资本充足率不满0%，或为0%～4%（国内银行标准为0%～2%），并预计一年后也保持同样基准。

都市银行、长期信用银行、信托银行与地方银行中，近三年连续赤字决算或是无分红的银行只有5家。还有有问题的日本债券信用银行（简称“日债银”）只有在1996年和1997年连续两年出现赤字，构成申请资金投入的条件。资本充足率未满0%的银行也只有收购了已破产的旧兵库银行的绿银行。④

还有，虽然有义务提出重组政策盛行的经营健全化计划，却不追究经营责任，行贿银行的公共资金注入申请也被认可了。银行局的负责人

---

① 摘自1998年1月23日众议院财务部委员会会议记录。

② 摘自1998年2月4日众议院财务部委员会会议记录。

③ 摘自1998年2月6日众议院财务部委员会会议记录。

④ 1998年，绿银行与阪神银行公布合并。但实质是从存款保险机构获取资金赠予活用的破产处理。

也承认了这种基准过于宽松:"这是在限定条件下,为了确保资本注入实行而制定的最低标准。"①

"你回国后能尽量来下我的事务所吗?"梶山静六的秘书官电话联系在伦敦 G7 会议上进行过采访的经济记者是在 2 月 21 日。这正是佐佐波在审议委员会就任的第二天。

25 日下午 4 点半,回国后的记者拜访了位于第二议员会馆的梶山事务所。当时梶山正在办公桌前埋头阅读资料。"请你来没有别的用意,就是……"说完梶山起身,递给记者两张订在一起的文件。在 B4 大小的纸上,左边用大字写着"强制计提",这是这名记者在三周前给《日经商业》杂志投的稿件的复印件。②

梶山平静地说:"我也考虑过很多金融的事,偶然读到你的这篇文章,觉得写得不错。"一边说着,梶山的手伸到桌子上,取了份其他文件。这份之后被称为"第二次梶山构想"的笔记,与《日经商业》上的文章内容如出一辙。

"现在进行的 30 万亿日元构想,再这样发展下去就如同空藏美玉一般,不能完全达到让金融安定化的目的。也可以说是运营方式一旦出错的话,就会成为最差的银行救济政策了。(中略)也就是说,对不良债权的处理不仅会毫无进展,相反只会不断滞后。"③

---

① 审查基准案是大藏省银行局从 1 月开始咨询自民党、金融界的意见一点点完成的。而经营健全化计划的记入项目是以日银信用机构局为中心完成的。

② 文章于 1998 年 2 月 2 日刊登在《日经商业》杂志上,标题为《被淘汰不良债权的强制计提、活用破产银行的处理资金》,撰稿者为笔者。

③ 摘自 1998 年 2 月 23 日的梶山笔记。

梶山笔记作为对经营者道德风险的防范和推进不良债权处理的对策，被记录为针对强制所有银行不良债权抵押的严厉措施。

四分类债权　坏账准备率 100%

三分类债权　坏账准备率 75%

二分类债权　坏账准备率 20%

梶山所指出的基准与记者所投的稿件相同，参照美国所采用的基准，只大幅提高了对三分类债权的坏账准备率。梶山构想在采用以上基准强制不良债权处理的基础上，对债务超额的银行进行营业转让等破产处理，对资本充足率未满 8%（只有日本国内业务的银行为 4%）、陷入经营危机的银行，实行普通股的减资、更换经营者等附加严格条件的资本注入。“经营者如果说无须公共资金投入的话，便不能强制执行。银行如果没有认识到经营危险性的话，公共资金的投入从一开始就是不可能的。”

梶山笔记看破了 1997 年年末银行局所畏惧的资本注入政策的弱点。因强制计提，如果不暴露出被隐藏的资本不足问题，就不能解决公共资金活用与不良债权问题。

梶山笑着说：“至少我要得到著作权者的谅解啊。”

记者在投稿后，被银行局官员批判道：“强制计提什么的，就是做不到的谬论啊。”但是，这篇文章却被梶山说想要采用，即使感到奇怪，记者也回答说：“我这篇文章也没有什么专利，您赞同的部分，就拿去用吧。”

没想到这篇文章却引起了如此骚动。

梶山在1997年山一证券破产后，在周刊杂志上发表了以10万亿日元的新型国债发行为主的“第一次梶山构想”，打开了公共资金注入的突破口。以与宫泽构想采取了折中案的形式结束，为想出接下来的方法，梶山又展开了行动。

属于小渊派的梶山追求的不是派系的规则，而是瞄准了用政治之旗召集同伙的桥本的宝座。“我没有想长干的想法。一年，不，半年就好，我想让我来做这件事，我会把问题都解决给你看。”这就是梶山在心情好时常说的话。

梶山在2月中旬开始向被称为保保联合派的反执行部集团的议员派发《日经商业》的复印件，对他们说：“就用这个吧。”也在国会里的干事长室内，将复印件亲手递给了加藤纮一。加藤27日联系了首相秘书官坂笃郎，指示他将梶山笔记转交给桥本。

梶山于3月2日下午3点，在东京都内的酒店里召开记者会，发表了新构想。他说：“如果请政治部记者的话，估计会被误认为是政治笼络行动了。”所以他这次联系的都是报纸与电视台的经济部记者们。

记者招待会的前一个小时里，银行局长山口公生等一些官员被叫到了梶山事务所。“为什么无法做到呢？给我好好说明下。”最让人打寒战的是梶山所给的压迫力。接受了近一小时的说教，大藏省干部们悻悻而归的表情，梶山的亲信们到现在都历历在目。

位于佐佐波委员会的正中央的银行局因强制计提案惊慌失措。

1997年年末的政局展开，官员们至今都记忆犹新。知晓梶山再度出山，银行局考虑着应对方案。银行局长山口公生问部下觉得这个方案如何。负责中小金融机构的课长带着复杂的表情说道：“我觉得不错。但是无法实施。而且实施是不可能的。”

被梶山采用的那篇记者投稿中记载了在全国146家银行中，因强制计提而陷入债务超标的银行大约有15家，资本充足率低于国内最低标准4%的银行大约有30家。但是以银行局的立场来看更为严峻。

银行局的相关人员在此后证实说：“如果以那个基准来衡量，强制计提实行的话，会有大量的银行债务超标。”银行局课长断言说不可能，也是因为他自觉不良债权处理会推迟，资本也会不足。

4个月后，开始活动的金融监督厅也是一边参考梶山构想的计提标准，一边试算实际的资本充足率。

超过8%　东京三菱、三菱信托、东洋信托、日本兴业、日本信托

6% ~8%　住友、三和、第一劝业、东海、朝日、三井信托、住友信托

4% ~6%　富士、长银

2% ~4%　樱花、中央信托

0% ~2%　大和

未满0%　安田信托、日债银

再加上地方银行与第二地方银行的情况，整体呈现如下表所示。

债务超过额	<0%	0% ~2%	2% ~4%	4% ~8%
19家大型银行	2行	1行	2行	9行
地方银行与第二地方银行	11行	9行	10行	

债务超标的银行有 13 家，但这个试算所采用的计提率却仍然较为宽松。四分类为 100%，三分类为都市银行前六位，平均计提率为 46.3%，二分类为 15%。[①] 再加上过度的计提条件，一转眼就到了 3 月末的资本注入期限。银行局装着尊重梶山构想的样子，实际却早已无视梶山构想了。

另一方面，梶山也并没有将事情闹大。与 1997 年年末不同，这次的记者招待会后仿佛什么都没有发生过一样。最终，梶山构想以些许抵抗终结。

实际上，那时金融界的某位人物与梶山见过面。而这次会面也与当时如出一辙，立刻停止了梶山的行动。

这就是三个月后发生的大事件的一个小前奏。

突然消失的警告

银行局长山口公生接到东京三菱银行行长岸早上打过来的电话，是在审查标准案陷入僵局的 2 月中旬。

“为了保障金融系统安定，我觉得我行应该接受公共资金投入。”岸是全国银行协会的会长。原本到 1998 年春天为止都是由三和银行的行长佐伯尚孝担任会长，但是在贿赂性接待事件中，因为三和银行是贿赂方，自 2 月 2 日开始，会长的工作就由佐伯转交给了岸。银行局的官员证实说：“那时如果东京三菱银行不是会长所在行的话，也无法实现资本注入。肯定会投给其他大型银行了。”

① 摘自金融监督厅内部资料。

因为资产最健康的东京三菱银行决定申请公共资金，所以目标为优先将公共资金投给经营良好的银行的政府与自民党如同找到了绿洲。全国银行协会在 2 月 17 日的行长会议上，也就公共资金的申请达成一致。

被称为佐佐波委员会的金融危机管理审查委员会，初次会议定在 2 月 23 日召开。下午 6 点半，在日银本部的 9 楼会议室里，绕桌而坐的审议委员分别为今井敬、佐佐波杨子、小堀树、日银总裁松下康雄、大藏大臣松永光、存款保险机构理事长松田升。

关于审查标准，最先开口的是经济团体联合会会长今井：“首先，预计无法还款的银行与经营状况严重恶化的银行原则上是不予通过的，我认为这点非常重要。”①

存款保险机构理事长松田也说道：“本应被淘汰的金融机构，如果因这次资金投入而获救的话，也是无法得到国民谅解的。”

今井又接着说道：“如果是全部银行都能审查通过的标准，那还算得上是标准吗?”“如果标准定得过高，又会担心没有银行申请。”

公共资金不会用于银行救济这一原则论，与为了金融系统安定和银行贷款放松的资金运用现实论交织在一起，佐佐波委员会在三天后的第二次会议上，认同了大藏省银行局所整理的审查标准案。

3 月 5 日，首先是东京三菱银行申请由存款保险机构对整理回收银行的次级债券买进。与期待相同，到当天下午为止，除去日本信托，主要的 18 家银行与横滨、北路、足利地银共申请了总额 20 690 亿日元的

① 关于金融危机管理审查委员会上的做法，基于2001 年5 月公开的会议记录，对相关人员进行采访后做成。

资本注入。在主要的18家银行里，8家都市银行与日本兴业、住友信托、三井信托合计11家银行，各申请了1 000亿日元，第一劝业银行申请了990亿日元。

考虑到对于银行贷款对策追求高额度的自民党的意向，银行界选择了“千亿日元作为最低额度”。银行局的负责人说：“每个银行都害怕当出头鸟。本身就不想申请，所以都尽量申请不太显眼的数额，为此努力进行着信息交换。”这也是自主申请方式的局限啊。

银行局长山口公生在之后的国会上这样解释说：“我们银行局一直被批判为护送船队式行政，但这次银行间的合作让我感到了团体的一致性，这种感觉我现在都能体会到。不管未来怎么样，我认为银行最重要的是认真经营，为社会做出贡献。”①

但在这些银行中，也有两家银行做出了有突出风险的选择。使用次级债券与优先股，日债银申请了2 900亿日元，长银申请了2 000亿日元。

日债银在1997年春天直面了严峻的经营危机，因银行局与日银主导的“寄付金增资”，从而走向了再生的道路。在1997年秋天，因连锁破产，日债银的资金调度再次恶化，据银行局负责人说，第二天的结算余额不足百亿日元，负责人为此每日奔走。但是1998年开年后，资金

① 摘自1998年5月19日参议院财政金融委员会会议记录。大藏省干部表示：“如果银行局不干预申请额度，我们也不会这样站在同一阵营的。”但银行局大部分干部都认为：“公共资金的投入应限定在必要最小限度。”当时相关人员证实，为解决资本不足，完全没有出现“大规模的注入是必要的”这种意见。

调度又向着稳定的方向发展了。

银行局官员回忆说："总额3 000亿日元以上的寄付金增资中，日银出资额作为王牌，成了日债银的安定剂。""日债银就像住进了特别病房一样，大藏省与日银联合给它做外科手术。所以大家都觉得日债银在市场上是没有问题的。"

公共资金的注入决定后，银行局审议官中井省对日债银的官员建议道："这次多申请些为好。"他建议在大藏省与日银的管理下，"住进特别病房"的日债银可以在此期间增强资本，补充体力。与此相对的是，长银的2 000亿日元申请较为意外地终止了。

长银在1997年夏天与瑞士银行达成了合作协议。协议项目中，作为瑞士银行的主干事，长银计划在欧洲市场筹集2 000亿日元的资金，但长银想用公共资金来作为这笔资金的来源。于是有了这样的秘密相谈。

银行局的负责人觉得可疑，便建议说："不管比率如何高，经由瑞士银行从市场筹资更为稳妥。与瑞士银行的信赖也能相互维持，这样比利用公共资金要好多了。"

但是长银方表示，利用公共资金的成本更低，并没有采纳银行局负责人的建议。最终，长银在3月5日，以向存款保险机构发行优先股1 300亿日元，次级债券700亿日元，提交了公共资金的申请。对于不采用市场筹资，而依靠公共资金投入的做法，银行局在当时并未理解。

佐佐波委员会召开时，便是决定之夜。卷入贿赂性接待事件而连日在国会被点名的大藏大臣松永光，在审议结束后，就立刻奔往了日银本部。

"您说过银行局肯定是有保证的。"在审查标准的探讨阶段，一位审议委员以此为主题的发言，许多出席者都还记得。以后关于申请银行的财务内容，需要得到权威人士的保证。作为没有信息资源的外部出身的委员，这是必须的要求。

由于事务手续繁杂，如果要完成3月末为止的资本支付，审查最迟也必须在3月10日左右通过。从最初会议开始经过两周，从申请日开始算只有5天左右，审议委员应该没有时间去一一细查21家银行每一家的财务状况。①

“在这期间，对于如何更有效率地进行审查，想过很多种方案，也有将申请内容的实际关系准确无误进行检验的方法，委托大藏大臣与日银总裁精查各种资料，并提出总体意见。”存款保险机构理事长松田这样说道。②

接受了佐佐波的委托，松永与松下在上交正式材料之前，需要检查个别银行的资格。大藏省的金融检察部与日银的考察局紧急搬运了装满各银行信用明细表的箱子，从2月末开始到3月初，不分昼夜地彻查各银行的财务信息。

松永光回忆说：“最终有问题的银行只有日债银。”

申请的银行中，财务内容最差、资本充足率最低的就是日债银。当时的负责人考虑到，日债银如果能证明自己不是经营上出现明显恶化情

① 1998年9月1日，作为众议院金融安定化特别委员会代表人的佐佐波表示：“关于个别银行的内容，我自身也并不了解。”这在当时引发了非议。

② 摘自1998年9月9日众议院金融安定化特别委员会会议记录。松田当时也陈述说：“审查委员会不可能将每家银行的具体情况都全部看完。”

况的金融机构的话，也不会妨碍我们给其他银行注入资金。日银干部也证明说：“日债银如果没问题的话，我觉得也能给其他银行注资。”

银行局与日银信用机构局开始考虑，只针对日债银，该如何使其通过委员会的审查。3 月 8 日，开始接受 21 家银行的申请，佐佐波委员会开始了对个别银行的审查。在第三次会议上，要求第一劝银、长银、日债银、中央信托银行等 7 行的行长与社长出席。

审查的步骤如下。首先，由存款保险机构的事务局说明申请内容，大藏大臣与日银总裁发表简短意见。其次，由行长接受提问并回答，行长退室后，进入自由讨论。各行分别重复此循环。让会议室充满紧张气息的是对第一劝银、长银与日债银进行审查之时。

日债银申请优先股 600 亿日元，次级债券 2 300 亿日元。松永接着事务局的说明总结道：“虽然事实关系上没有认定为有特别问题，但自我审查方面，我们觉得对关联公司的审查不太严格。”

松下也说：“刚刚大藏大臣指出的点确实如此。”银行局上报了对日债银的自我审查方面存在疑问的问题。这引起了审议委员们的警戒。

东乡重兴行长的问答结束后，今井开门见山地说：“我认为这的确是非常有风险的银行。”“但是这么大的企业，不管有多少风险，只要有一丝能救回来的可能，我们也需要下定决心去挽救不是吗？”“所以这时就必须看当局判断至少需要投入多少资金了。”

出席的大藏省与日银的负责人都做好了准备。自从上次那句“请问有证据吗”的发言以来，当局的慎重派审议员们开始与非官方委员接触，解释资本注入的原因。但即使如此，在委员会上也出现了质疑声。

大藏大臣松永发言道：“我想政府方面有许多做得不够的地方，所以我想把作为大臣的决断权转交给审议委员。”想以此把事情丢给审议委员会解决。而接下来日本律师联合会的会长小堀却要求暂缓:“我觉得有风险。但是银行之后需要达到怎样的状态,必须探讨预先建立假设。这样的话,如何决断也需要当局的意见,我认为这是我们委员会探讨的必须前提。”

不论是今井的发言,还是小堀的发言,都表达了“日债银无论怎么看都很危险,所以想要得到当局的许可”的意图。

为了缓解紧张,委员长佐佐波提议对日债银问题进行再讨论。在休息的间隙,事务局长松田叮嘱道:“到底能投入多少资金,不管怎样都必须获取事务局目前没有的信息。(中略)如果得不到行政当局与金融当局合作的话,我们这份工作也无法完成。”

大藏省与日银被其他委员包围了。在当局进行再审查之时,就必须对日债银的健全性下判断了。

令人注目的日债银第五次会议,在3月10日召开。

对富士、樱花等7行的审查完成,短暂休憩后便开始了对日债银的再审查。被佐佐波催促后,最先是松永代表大藏省阐述见解:“对日债银的经营,从现时点来看,如果以该行的努力与金融系统安定化为前提,我们认为确实需要切实的改善,我们今后也会共同守护日债银的经营重建。”

日银总裁松下也说明道:“遵循经营重建策略,需要该行努力实行,如果谋求金融系统安定化的话,该行的重建也是十分可能的。”但是不管哪条见解,都没有探讨到现时点的资产状况判定。

今井再度切入主题:“现在我想知道的是,简而言之,现时点该银行是否债务超标,是否有支付能力,有多少容量,等等。”其中一位出席者回忆今井当时的样子，带有“有可能不会对日债银进行资本注入”的恐慌。审议会的担忧非常强烈。

日银当局被连番追问逼到走投无路，最先开口的是日银总裁松下：“日债银的资本账目，虽然以总资产来看可以说是有些不足的，但总体上看是可以判断为没有债务超标情况的。今后如果有借款方经营恶化的情况，需准备更多担保，也可能还需要必需的计提，以日债银今后的期间经营收益是可以应对的。”

松下时不时看看手头资料，继续说：“现在不是支付能力的问题。还有，关于日债银债务超标问题，去年的经营重建策略发表后实施的大藏省检察，或是会计师事务所的审计检察都已确认无误。”

日银当局发表了进一步见解，但是在小堀表明了公共资金返还财源的些许担忧后，今井回应说要进行再确认：“暂且是没有支付问题的，再进行下最终确认如何呢?”

松下已经表明了见解，今井的问题是向大藏大臣松永确认，这点也清楚了。

事务局长松田说道：“标准之四——之后发生破产的可能性很高的话，就是另一回事了。我想大家都是考虑到这层担忧而认真讨论的。”松田所指出的审查标准的第四点明确说明了，“经营状况已陷入恶化，承担优先股等的购买后，申请的金融机构破产可能性仍很高”。

日债银能解决标准之四的问题吗?

所有出席者都静候着大藏大臣的见解，但松永却什么也没说。坐在后排的银行局官员忍不住向松永靠近，在他耳边小声说：“大臣，就要轮到您发言了。”当时的出席者到现在都还记得。

松永一边点头，一边看手中的资料，然后开始说：“日债银确认要解决标准四中的问题的话，是有非常大概率可以解决的。大藏省的检查与日银总裁松下所说的话也有道理，但我认为这是一件可以解决的事。”

室内沉闷的紧张感，瞬间被这一番话缓解了。

今井说：“我明白了。清楚了，清楚了。”

小堀说：“我也理解了。”

得到金融当局的明确认可后，围绕着日债银的议论立刻终止了。审议委员的“抵抗”也到此结束。

终结日债银问题的松永的发言，是事务方事先编排好的。银行局负责人当时催促说，“大臣，就要轮到您发言了”，其实最开始是日银总裁，接下来是大藏大臣，这样的顺序被重新设置了。但是大藏大臣发言的过程，也引发了一个小事件。

佐佐波委员会上松永的发言内容与国会上相同，即回答事先准备好的问题。银行局的年轻事务官写好原稿，接受上司检查后就交给秘书官。

但是，认可对日债银进行资本注入的发言，单单以简单检查一下结束是不行的。某位干部对负责日债银的银行课这样建议说：“给大臣所准备的东西，经过严格审批后更好不是吗？”

所谓审批，就是为留存知悉起案文书的证明，阅览文书的干部在文书上按上个人印章。给大臣准备的底稿一一进行审批的这种惯例，在大藏省是不存在的。据相关人员表示，当时银行课长与课长助理都毫不犹豫地在发言要旨上盖了章。因为银行课的判断为，“日债银在 1997 年资本增强，并无债务超标”。

分管银行课的审议官与银行局长山口公生犹豫着盖了章。但也有说着“真叫人恶心”，不配合审议的干部。

不知晓日债银的真正财务状况，加之担心未来可能因为《信息公开法》的规定，这篇文书会被公之于众。这就是银行局内部出现的些许抵抗。

最终因经由作为责任者的银行局长审批，依据这个发言要旨，完成了《毫无疑问能解决标准之四》这篇回答稿。大藏大臣的亲信证明，给松永送去的是文字处理机重新打出的全新回答稿。盖了印章的文书，是作为银行局内部机密处理的。

不知道这件事的松永，毫不犹豫就照着回答稿的内容念了。

松永自己并没有考虑要推迟对日债银的资本注入。他回顾说："在当时有不让日债银倒闭的形势存在。如果显示出对大型银行不安的话，便会立刻引起骚动。所以，只要能行的话，就会对日债银进行资本注入。这就是让日本金融系统安定化的前提啊。"

那时，来大臣办公室的银行局长山口说了这番话，松永还记忆犹新，"作为大臣，时常会感觉背脊发凉"。

1997 年 11 月 26 日，接二连三的金融破产导致全国发生 8 起存款者游行。在这样的骚动发生以来，以山口为首的当局者们都胆怯了。因公共资金的注入平息了些许金融恐慌，如今资本注入如果失败的话，可以预见又会再次成为众矢之的。每每想象如果万一发生这样的事，背脊就渐渐发凉。

被问及这样心境的话，松永就会突然变得不安，他回忆说："不能破产，如果能行的话，就只能这么做了。从资本注入开始，我就祈祷银行都能进入好的循环。"

因为日债银作为唯一最难的问题已经解决了，没有委员对剩下的 20 家银行的资本注入发表同样的担忧。出席者证明说："除日债银以外的审查，各行都完成了。”

但是关于长银，却留下了些警告。做出警告的主要是日银。为了检查21家银行的申请内容，需要每天仔细查阅大量资料的日银考察局在3月初向信用机构局传达了这样的信息：“关于长银，申请时的数据与考察结果之间有些差异，想对总裁传达这点。”

信用机构局在7日深夜，给大藏省银行局长用的发言要旨的传真里这样写道：“自我查定的结果，有些宽松。”

银行局在那时对于长银并无担忧。在看到日银发来的传真后，银行局负责人才第一次对长银的前景产生疑问。

基于考察局的调查结果，松下在8日的委员会上指出长银自我查定比较宽松的情况。根据日银所指出的问题，松永也发言说：“我觉得在自我查定中，可以看到意料不到的正确性欠缺。”但是，由于对日债银过度关心，所以对长银问题并未进行深入讨论。①

到3月12日为止，佐佐波委员会对于申请的21家银行，认可了总额18 156亿日元的公共资金投入。虽然对次级债券进行了一部分减额，日债银600亿日元、长银1 766亿日元的公共资金，在经内阁会议审议后于3月31日支付。②

---

① 对于指出长银自我查定的结果有些宽松的松下的发言，日银负责人也证实说：“当时的确没有长银也许会破产的那种危机感。”

② 对日债银的资本注入只限定于优先股，2 300亿日元的次级债券并未被认可。自有资本也分为股东资本和优先股等核心资本，与股本溢价和次级债券等二级资本两类。日债银的情况是，如果认定次级债券的话，二级资本便会超过核心资本上限，由于无法提升资本充足率，佐佐波委员会没有认定次级债券。只是因为如果只有日债银减少注入额度的话，则会给市场带来恐慌等理由，对于长银的处理则是减少超过核心资本上限的部分次级债券。

“这样一来，金融系统的内外信赖也渐渐平复，并会不断提高，我认为这对日本经济也会有相当大的贡献。”3 月 27 日在参议院财政金融委员会上充满自信的松永，内心却是“冷静冷静，那时候真的尽力了啊”。

在半年后的临时国会上，佐佐波委员会围绕长银危机进行了激烈争论。最后，随着《金融安定化法》的废止，12 月 22 日佐佐波委员会解散了。

“关于审查手续，在短时间里尽了最大努力，现在也看得到质疑是否对审查敷衍了事的这种论调，但事实却与之相反。（中略）关于注入资金的未来偿还能力，现在看起来还有些难度，但当局代表承诺并没有破产风险。”在解散时，审议委员今井留下的这段话，成了他做出些许抵抗的痕迹。

麻痹的金融行政

针对贿赂性接待实际情况的东京地检特搜部的搜查，在这之后越发白热化。

进入 2 月以来，大藏省官员一个接一个地被抽去谈话。不仅金融部局，财政关联部局也被约谈，整个大藏省都沦陷了。大臣官房在那时秘密制定了实情听取手册，向可能会被特搜部叫去谈话的官员发放。写了即使被问了实情，也不要署名与盖章等这些细节指示。

据被东京地检特搜部叫去谈话的官员回忆：“说是作为参考人员把我们叫去询问，实际上却完全像是对待嫌疑人一样对我们。如果不说的话，就威胁我们要在法庭上传唤我们作为证人，还说名字会出现在列表里，这样也没关系的吗？他们到底是什么大人物啊？”

关于实情听取的谣言越传越离谱，官员们都无法专心工作了，“明天谁会被打电话传讯呢？该不会是自己吧”。

大藏省与法务省、检察当局也非常紧张。“《金融关联法》成立前，下决心逮捕是怎么一回事？”“该怎么看待国家危机呢？”这种责难之声，从大藏省、自民党，开始传向法务省。存在想要公开搜查的终结名单的背后施压者。

1997年春，因被揭露的总会屋利益输送事件，特搜部收缴了野村证券、第一劝银的大量资料。在调查发票时，掌握了企划部门员工接受贿赂性接待的事实。在发票中，不只有高级餐厅，也存在许多国外的大额消费单。特搜部从夏季开始扩大了搜查的范围，将大型银行也纳入了搜查的视野，并制作了一份接待排行榜的表单。某位检察官表示：“出现在表单里的都是贿赂性接待的行为，是无法被原谅的。”

在搜查进行的过程中，接受了利益输送调查的自民党议员新井将敬在2月19日自杀了。以大藏省与自民党为中心，对检查的批判声不断高涨。但特搜部却纹丝不动。当时的搜查人员意气风发地回忆：“因为涉案人员达50人，所以不可能只有普通职员涉案。当时我们想，一定要找出涉案的官员，所以对现场搜查非常上心，不管怎样都要找到证据。”

特搜部当初认为，“收受现金理所当然可以被判定为贿赂性接待”，虽然彻底调查过，但是“退休后收取数十万午餐会演讲费等行为，很难被定义为受贿。而且净是些像这样巧妙受贿的方式”。

不过，即使只是接待，超过一定限额，捏造事实的话，也构成受贿。有真实案例的存在，所以特搜部集中处理贿赂性接待的案件，搜查也继续进行着。只是单纯接待的话很难立案，所以此时大藏省与特搜部可谓是水火不容，关系十分紧张。

3月5日上午10点过后，证券局总务科课长助理榊原隆突然被传唤了。①

38岁的公务员榊原，在被传唤前毫不知情，还在默默工作。午后证券交易监视委员会的首席检察官宫野敏男被要求同行。非公务员宫野为实施对山一证券的特别检查，在所前往的实地调查地被检察官约谈了。

“榊原出事了。”这一消息瞬间在大藏省内传开了。证券局自不用说，连秘书课都引起了骚动。因为榊原的名字并未出现在从检察方被泄露出的14人名单里。

下午3点半，榊原与宫野因有单纯受贿嫌疑被逮捕。② 所谓单纯受贿，是指作为公务员利用职务之便收受贿赂，即使贿赂方并未有所请求，也构成犯罪。与接受他人请求而受贿的受托受贿相比，单纯受贿并非强力手段，只适用于收受现金或是恶性的利益输送的情况。

榊原被逮捕之时，东京地检特搜部关于恶性的利益输送的证据进行了以下说明：

一、让证券局长发出承认四大证券公司货币市场基金即日变卖的通知，实现最低购买单位的下调。

---

① 逮捕公务员的方针在那日早晨从法务省传给了松永。

② 据起诉状内容得知，榊原接受了野村、日兴、大和、山一四大证券公司加上住友银行共计346万日元的大额接待。

二、提早批准通过了四大证券公司股票累计投资制度。

三、单独批准对野村证券投资信托委托的日经300股价指数被动型投资信托。(以下略)

看到发表文的金融局员工们都说不出话来。这些被定义为恶性利益输送的项目基本都是在金融自由化中被认作一般放松管制的项目。金融局干部发泄说:"这次逮捕给我们的教训,就是不要做多余的工作。"

在证券界有另一条搜查贿赂性接待的路线,那就是对日银的搜查。

日银的员工都属于公务员,接受贿赂的话,会被认定为受贿罪。各银行、证券公司里不仅有大藏省的对接负责人,为了获取金融政策与金融市场的信息,也安排了日银的对接负责人。对日银的贿赂性接待也很快让日银成为被搜查对象。

日银成为被搜查对象的原因是搜查团队中有人表示他有"检察官特有的平衡感"。同样是贿赂性接待,如果只揭发大藏省的话,有失平衡。榊原在被逮捕的6天后,日银证券课长吉泽保幸因有受贿嫌疑被捕。

42岁的吉泽在日银也曾是杰出的干部候选人。拥有大藏省与金融界深厚的人脉资源,在直面金融市场的营业局经历了很多场金融破产的实战。但正因为他能力超群,金融机构争相与他交往,日银高层也让他在营业局5年没有调职。吉泽自己也是不畏惧风险的人,接待金额毫无疑问,十分庞大。

日银可以说没有任何有关接待行为的规制。且不说禁止接待了,收集信息时甚至鼓励员工多与外部单位接触。对于这一点，许多日银职员可以证明。①

营业局的干部哭着说："吉泽成了组织的牺牲品啊。"吉泽在位的5年间接受的接待总额高达431万日元，但仍有好几个干部的总额数能与之匹敌。"如果当时是我在位5年的话，估计也是大致相同的接待总额吧。"这样表示的职员也不少。

有史以来第一次被强制搜查，日银的权威瞬间崩塌。

11日夜里，总裁松下康雄致电首相官邸，表明了自己辞职的意愿。得知此事的副总裁福井俊彦与在日银任职过的理事也不请自来，闯进总裁办公室申请说："我们也想一起辞职。"但是松下叱责道："别做蠢事了。我来承担全部责任。"但最终，松下与福井两人都因贿赂性接待丑闻而引咎辞职了。②

在松下与福井辞职后，在日银本部的9楼会议室里，员工们为他们偷偷举办了送别会。松下的表情一如往常，一边指导发券部门工作中现场的重要性，一边淡然告别。但接下来进行寒暄讲话的福井含着眼泪

① 1998年3月17日，在众议院财务部委员会上，松下这样说道："作为总裁，我认为日银的员工们都过于封闭自我了，这样就等于荒废了对金融、经济的知识吸收，多与外界接触交流，进行信息互换，这才是作为一个中央银行员工的基本职责。（中略）比如不允许与其他单位的聚餐之类的事，我们日银不会禁止，而希望员工带着自觉去推进。"

② 对于大藏省出身的松下，执政党与在野党都出现了让其辞职的意见。自民党干事长代理野中广务在3月10的役员联络会上说："新的日银再出发之时，用同样的招牌合适吗？"并在4月1日提出，以《新日银法》实施为契机应当替换总裁。首相官邸方面当初也考虑过将松下的后继者定为东京电力会长那须翔。但是那须翔强烈拒绝了，所以选中了日银前理事速水优。速水优与3月20日就任。

说："从开始金融改革到现在，日银为了迎合标准做了许多努力，但还是没能完成。"①

在吉泽被逮捕后，日银员工不断被特搜部叫去谈话。谈话结束回来后又被叫到经营企划局。上层为了了解搜查扩展到哪一步也拼尽了全力。而另一方面，对于吉泽本人，日银以"被特搜部起诉的话，有罪率达99%以上。与其死撑，不如早点承认罪行，重新出发"为由，说服其承认了罪行。

吉泽当初对接待方的利益输送矢口否认，并暗示他会斗争到底。但是经上司与律师的游说后认罪，4月3日接受了免职处分。日银领导部门也想尽快解决吉泽问题。

另一方面，大藏省的榊原则一直否认利益输送一事。因此大藏省对榊原停职4个月，7月21日正式予以免职处分。认同停职处理也相当于是大藏省对于"分明不是利益输送，只是普通接待就逮捕"的一次无声抗议吧。②

吉泽被逮捕的第二天。大藏省银行局又出了一起自杀事件。

---

① 贿赂性接待事件之后，出现了认为日银工资掺有水分的怀疑。日银公布了"没有对工资弄虚作假，但日银的工资体系有问题"的内部调查，工资额度在此后大幅下降。5月1日发生了让人痛心疾首的事件。因关于接待的内部调查与工资问题，鸭志田孝之理事自杀了。

② 吉泽、榊原两人都在公判时坚决否认利益输送的事实，但是承认有接受过相关的职务接待。同时两人都接受了缓期执行的有罪判决。此外，其他被起诉贿赂性接待的4人也被下达了缓期执行的有罪判决。

非公务员的中小金融课长助理杉山吉男在自家公寓里上吊自杀了。傍晚，突然接到秘书课传来的消息，中小金融课长石井道远握着电话，惊慌失措地大声问道："杉山君到底怎么了？"职员们面面相觑，"我想杉山是要休息了吧。"有人这样回答后，大家心领神会，房间里一片沉寂。

日银在召开的佐佐波委员会上传达了杉山自杀的消息，在银行局事务方所坐的后排座位处传出了抽泣声。正在记笔记的松永与松下都非常悲伤地叹了口气。出现了太多牺牲者，此时的大藏省与日银都陷入了停止思考的状态里。

大藏大臣松永陷入了沉思。

接受了贿赂性接待的人肯定不止被逮捕的那 4 个人。记录接待实情的纲纪关联调查就超过了 1 000 份，个别听证会也接近终了。

要在什么时候做出怎样的处罚较为合理呢？

如果不赶紧处理的话，就得不到民心，大藏省的工作也难以展开。但是处分发表后如果再出现其他问题的话，大藏省的信任度就会跌入谷底。松永通过多重渠道，慎重考虑了是否要进行搜查的扩大化。内阁也查找了是否有新的公务员被逮捕。最终达成逮捕榊原后停止搜查的共识。松永直接与事务次官田波耕治、官房长官武藤就处分决定召开了会议。

1 月末，桥本首相只对就任大藏大臣的松永指示了一件事，"希望你能对大藏省的丑闻进行详细调查，并进行严格处理"。松永拥有律师资格证，在福冈地检担任过检察官。与其说从经济政策方向出发解决问题，倒不如说如何将中毒至深的官厅之首大藏省进行重建，才是派给松永的唯一使命。①

松永入职第一天就将干部职员们聚集起来进行了训示："大藏省官员被逮捕，还有其他一些有着重要地位的人因为经常接受相关人员的接待被报道，这是大藏省有史以来最大的丑闻。从现在起，我会进行严格的检查，并做出合适的处置，这是我作为大藏大臣必须做的事，必须承担的责任。"

干部职员们听完这番话不禁紧张起来。松永接着说："只是现在经济仍处于不乐观的非常时期，大藏省的任务十分重要。也希望大家不要过度执着此事，将该做的工作认真完成。"虽然松永尽量不打击士气说了这番话，但大藏省内仍被沉重压抑的气息笼罩着。即使是为了恢复正常的行政职能，也必须早日完成此次调查。

对于贿赂性接待的处分，松永将重点放在公平性上。"那个人接受过那么多接待，处分却如此之轻，对比之下，另一个人就太可怜了吧。如果出现这样的言论，事情就难办了。"

接受了大臣的指示，大臣官房设置了期间、职务、频率、职位等标准，量化了接待行为。第一条标准是，将期间分为三个阶段。第一阶段是 1996 年 12 月规章制度被制定后发生的接待行为，定罪最重。第二阶段是从 1995 年 3 月纪律保持委员会成立之时到规章制度被制定为止。第三阶段是在纪律保持委员会成立之前。

---

① 松永说："必须对丑闻进行适当的处理。因为首相是有过大藏大臣经验的人，所以我认为恰当的做法就是好好辅助他。"但事实是，在松永担任大藏大臣的半年里，只去过两次首相官邸，第一次是就任时，第二次是对官员进行成批处分之前。

而且，即使是同样的接待，也要分为职务内容与金融机构是否有直接联系。并要确认是否接受过同一机构的反复接待。职位也要区分是否为管理、监督职。

根据各个标准确认分数，性质越恶劣，分数越高。用这一方式最后测出了超过 1 050 人的分数，并制作了一览表。在一览表里排在前两位的是证券局长长野厖士与银行局审议官杉井孝。

倡导金融大爆炸改革方案并指挥过三洋证券与山一证券破产处理的长野，曾是金融行政的核心人员。像长野这样获得历任大藏大臣信赖的行政官员也非常少。但是随着调查的深入进行，长野的丑闻被周刊杂志与月刊杂志大肆报道，而那些所谓的丑闻都是毫无事实根据或是被无限放大处理的。长野成了国会上在野党的众矢之的。

长野在国会上愤然反驳说："毫无依据地捏造我在京都、大阪、新宿之类的地方做了什么见不得人的事。"① "报纸、杂志上出现了很多关于我的报道，但那些报道都毫无事实依据。我对此非常愤怒，一定要采取手段与之对抗。"② 无法忍受过度难堪提问的松永斥责了提问者，并对长野说："反驳的时候就应该堂堂正正反驳回去。"

长野否认了所有与自己相关的丑闻，却很早就向周围的人透露了自己辞职的意愿。

最初是在山一证券提出停业的 1997 年 11 月 24 日。长野对证券局的干部说："这是我的责任啊。我要辞职。"周围的人都纷纷劝留了他。在小村发表辞职意愿的时候，长野在干部会上表明说："我也辞职吧。"此外还时

① 摘自 1998 年 2 月 12 日参议院财政金融委员会会议记录。

② 摘自 1998 年 3 月 17 日众议院预算委员会会议记录。

不时对亲近的下属暗示自己辞职的意愿，让下属不知所措。

让长野对自己产生怀疑想要辞职的有三件事。第一件事是自己选择了金融大爆炸改革方案，第二件事是自己决定对山一证券进行破产处理引发了金融恐慌，第三件事是一起工作过的榊原隆与吉泽保幸双双被逮捕。这三件事交错在一起，让长野开始静静寻找辞职的时机。长野的部下们也异口同声表示："局长真是冷静得让人吃惊。"

一览表里另一位靠前的官员杉井，是为了处理住专问题，被特意从主计局调入银行局的铁腕行政官。杉井很早就在局内提倡公共资金注入的必要性，有自我的判断，并不厌烦与金融界和政界的接触。大藏省内一致认为，他是将来的候补事务次官。

相关人员证明说："松永拿到的一览表里，杉井排在第一位，接着就是长野。在接待次数与金额上长野更高，且接待都集中在长野担任近畿财务局长的时期。而杉井有担任秘书科长的经历，在规章制度被制定后仍不断接受接待，所以在分数上高于长野。"①

在就任之时就决定对贿赂性接待采取严厉处分的松永，在某日密会了人事院人事官。"对于接受贿赂性接待的职员应采取怎样的处分较为合适呢?"松永在脑中一瞬间浮现出"惩戒免职"这四个字。但是人事院人事官建议："惩戒免职是在对触犯了刑法以及被起诉的情况下采取的。"

对于丑闻的处理有两个选择。一是基于《国家公务员法》，以免职、停职、降薪、警告的顺序由重至轻排列。二是基于大藏省内部规章制度，有训告、书面警告、口头警告三种处理方式。基于人事院的看法，

---

① 根据大藏省的调查，过去5年间长野聚餐400次以上，接受过高尔夫接待23次。杉井聚餐56次以上，接受过高尔夫接待11次。

贿赂性接待受到的最重处分为停职。

松永劝自己说，“不是触碰刑法的犯人，也没必要采取惩戒免职了。要摒弃这种追求让世人都信服并为之喝彩的想法”。但他同时也考虑到，“必须要做出对将来有警示作用的处分才行啊”。

再加上“必须斩除长野与杉井”的意见通过政党传达到了首相官邸，因此严守处分规定的法务省与检察厅也都毫不留情。①

与田波、武藤等人密谈后，松永决定对长野、杉井二人进行催促，使其自发辞职。

松永慌慌张张出席华盛顿的G7峰会后，归国已是4月17日。在第二周周末，松永将长野与杉井二人分别叫到了大藏大臣办公室。

“为了恢复大藏省的信任，希望你们能辞职。这样的话，大藏省也能踏上新的征程。希望你们能咽下这口气。”松永回忆，长野与杉井令人吃惊地一口答应了下来。因为在此前他们二人已与田波和武藤谈过。

松永回忆说：“他们二人也十分可怜，而且是如此有能力之人，因为受接待次数多而对他们实施辞职劝退，也是不得已而为之的判断啊。我实在是不忍心，但我也无能为力啊。”

4月27日下午5点，松永发表了基于内部调查的处分，强调说：“比起作为先例而施行格外严格的处分，大藏省更想以此为契机重整旗鼓。”②

---

① 大藏省在决定处分时与法务省、检察厅进行了非官方意见交换后所得到的启示。

② 处分内容为对杉井进行4个月停职处分，对长野等17人进行20%的最大降薪处分，对其余14人处以警告处分。总计32人基于《国家公务员法》被处分。如果再算上依据大藏省内部规章进行处分的人，总数达120人。日银也在4月10日基于内部规章对98人做了处分。

下午7点，被庞大的记者团围住，一言不发走向大藏省正面玄关处的长野在台阶中段停下脚步，做了最后阐述：“我应当明确我的责任，也向松永大臣递交我的辞呈。希望各位同僚后辈能推进大藏省的改革并采取让国民信赖的行政。”

长野在辞职时再一次拜访了松永。虽然在大臣室里长野表现得淡然，但媒体的大量中伤让他懊恼不已，透露出自己想采取法律措施来对抗。长野罕见的激情时刻，到现在仍留存在松永的记忆里。

长野接着去了国会的自民党干事长室，与加藤纮一寒暄了一番。加藤对长野说了这样一番话：“接待问题将你逼入了绝境，但我认为关注接待问题，这本质上就是错的。你提出了各种政策，因为需要对政府进行严格的手术，遭到了反对。所以我认为你至少不是因为接待问题而要辞职。”

不可思议的是，金融危机管理的主角们都因接待事件几乎全军覆没。杉井在银行局提出了注入公共资金等金融改革的核心思想，长野与榊原、吉泽一起推进了金融大爆炸改革方案，直面了破产处理问题。侥幸逃生的金融当局者也是穷途末路。

“为什么逮捕榊原与吉泽，却对其他人只实施内部处分？”

“认定为单纯受贿的标准是什么呢？”

“最终，难道不是只有不愿冒风险的人毫发无损吗？”

面对如此简单的疑问，却没人能回答。①

---

① 东京地检的相关匿名人员如此概括当时的情况：“只是恰巧选中了他们两人。虽然对两人很抱歉，但我认为那次调查本身就是失败的产物。没有去纠正政治家的错误，反而成了对官员机构的内部抗争。”

在搜查与之后的公审里，也出现了曾经亲近的大藏省官员们为了保全自身而出卖当权者的事实。① 而当权者也一边后悔防御不严，一边对被背叛感到绝望。失去了信赖的工作伙伴，加上服从自我处分的打击，当权者们渐渐丧失积极性。金融的统治功能正以想象不到的形式被麻痹了。

① 东京地检搁置了作为贿赂方的银行和证券公司，并无对被怀疑对象的公判请求，只进行了简易起诉。东京简易裁判所对于三和、住友、朝日、日本兴业、东京三菱等 5 家银行的 9 名干部处以了 30 万日元至 50 万日元罚款的简令。

第四章

金融危机再次爆发

为什么放弃了改革路线

在参议院选举中乘坐选举车发表演说的桥本龙太郎首相。

（东京，四谷站前，1998年6月25日，©时事通讯社）

财政结构改革，向着转变前进

日本的经济政策从正月开始到樱花凋谢之时，一直被束缚着。

直到年终的新年度预算案顺利在国会上通过为止，政府一直坚持，“这已经是最佳方案了，不需要再追加方案了”。因为政府正在想如何应对这种经济急变，在采取行动之时，在野党提出了预算修正要求，审议停止进行，其他的委员会也连锁性地停止了。但是1998年的经济每月都在不断恶化，外界也不断施压。

一筹莫展的政府与执政党无法达成一致，开始出现分歧。政府一方否定追加经济对策，而自民党却对追加经济对策积极推进。

前首相宫泽喜一在短暂访美后回国的日子，正是佐佐波委员会贿赂性接待事件被推上风口浪尖的3月7日。拜访加藤纮一干事长的宫泽以一副目瞪口呆的表情说道：“美国要求我们下调消费税率。真让人头疼啊。”因为要在美国的日本商会上发表演讲，3月4日宫泽前往了纽约。从纽约总领事那里收到了美国财政部长鲁宾想与他会面的留言。

“哎，是什么事呢？完全想不出来啊。”宫泽歪着脑袋毫无头绪，同意了请求后，第二天，3 月 5 日，在他下榻的华道夫酒店商务套房里，突然出现了鲁宾的身影。

除去翻译时间，在将近 50 分钟的会谈里，鲁宾说：“对于亚洲危机，日本应该负很大的责任。”并以此强调日本必须拿出 9 万亿日元规模的财政款项，并试探询问宫泽将消费税率降低至 3% 一事。对美国财政部提及的消费税减税，如今也直接向大藏省传达了。①

宫泽这样回复道：“在如今的政治形势下，降低消费税率是不可能的。但我并不能代表政府，所以我会代您向我国政府传达的。不过这确实是一件难事呀。”宫泽的回复可以说是委婉拒绝了鲁宾的要求。而桥本听到回国后的宫泽的报告，对美方连消费税都拿出来抨击的这种不满感到惊讶。

3 月 11 日，继鲁宾后，美国驻日大使托马斯・福利也主动要求与加藤会面。“我担心本国对日本的经济政策的诸多要求，会让日美两国间产生摩擦。”虽然福利措辞含蓄，但本意也是对日本早日采取减税政策的催促。但福利不愧是驻日大使，对于桥本内阁现在的严峻局面也了然于心，“日本作为一个国家，要有日本本国的政策主张，而这一主张，我认为不应全权交给政策决定者去判断”。

加藤回答说：“确实如此，您说的对。”又接着说：“在美国，人们只是看到电视上播报了消费税下降的新闻，就会立刻去购物。而且在成

① 消费税率应暂时设定为 3% 的观点是鲁宾根据萨默斯的“跨期替代”理论提出的。通过这个措施把未来的消费者支出挪至当下，据说他曾多次建议榊原采取这个办法。不过，因为榊原说“不可能，这绝对不行”，并没有理睬他，所以他便转头去说服影响力更大的宫泽。

为法案并在议会上通过前就开始购买了。但日本不是这样的，即使消费税已经下降，民众也不怎么去消费。即便我们实施了消费税的减税政策，我认为也起不到对经济刺激的作用。”

在与福利交谈完后，加藤在福冈市强调要不屈服于美国所给的压力，“日本的经济对策是由我们自己来判断的”。对美国干涉的不满在日本也越发高涨。桥本回顾说：“我们关于美国对日本的了解程度存在质疑，也不信任美国所说的话。”

但是，加藤证实说，自民党内部也早已定好在预算案通过后要实施的追加经济对策。“对于《财政结构改革法》的修正预算并非没有束缚，4 月预算案通过后，应对经济形势的对策是执行部门早在 1 月就已明确要实行的事情。”

可以证实的是，2 月初干事长代理野中广务倡导了要展开 6 万亿日元规模的经济形势对策。对经济政策颇有影响力的宫泽也在纽约的演讲上提及要采取追加经济对策的必要性。在政府方回应“预算案是最佳的”的同时，自民党也在一点点做着准备。只不过，对于在追加经济对策中是否要减少所得税成了难题。

1997 年 11 月成立的《财政结构改革法》规定赤字国债的发行额到 2003 年为止必须每年都进行削减。因此，1998 年追加发行的可能额度的上限为 13 880 亿日元。[①] 由于没有其他的财源，所以法律上只承认在

① 赤字国债的发行额在 1997 年度的修正后实际为 85 180 亿日元，1998 年度初始预算为 71 300 亿日元的发行额。差额 13 880 亿日元，如果 1 日元也不下调的话，那就是违反法律了。每年度的赤字缩减都明确记载于《财政结构改革法》第四条第二号。

此范围内的减税。

如果要实施美国所要求的大规模减税，就必须修改《财政结构改革法》。加藤与政务调查会长山崎拓考虑到财政改结构革路线的改变必然会成为政治问题的导火索，同时很可能导致“桥本退位论”的扩散，断然反对了大规模减税的实施。据当时首相身边的人回忆：“山崎是纯粹的财政再建论者，加藤虽然相对灵活，但他十分确信即使减税也达不到任何效果。”

相反，参议院自民党干事长村上正邦与总务会长森喜朗等人主张实施大规模的减税措施。特别是要准备 7 月参议院选举的村上，在 3 月中旬开始与在野党公开合作，为了实现《财政结构改革法》的修正与 3 万亿日元规模的所得税减免，以官邸与政党为中心进行积极推动。再加上梶山静六等反执行部团体的人员，都呼吁对《财政结构改革法》进行修正，在减税的处理上渐渐加上了路线斗争的色彩。

3 月 20 日深夜，众议院通过了 1998 年度预算。自民党一口气向着经济形势的对策前进着。围绕着减税，加藤、山崎虽然到最后都坚持只认同数千亿日元的政策减免，但党内要求减税的人还是占了大多数。

3 月 24 日的总务会上，加藤根据党内舆论，一不注意就提及了《财政结构改革法》目标期限的延长。

《财政结构改革法》第四条包含国家与地方的单年度财政赤字，单年度的财政赤字到 2003 年为止应限制为国内生产总值（GDP）的 3% 以下。加藤拿出这条规定举例说：“也许我们应该更灵活地去处理。”①

---

① 《财政结构改革法》的目标年份最初是 2005 年。但是，因接受了前首相中曾根康弘等人的强烈建议，桥本将它提前至了 2003 年。

有人说是宫泽鼓动了加藤。宫泽在访美后访问了德国，于3月23日回国。之后会见了加藤，向他转达了欧美方面对此毫不留情的看法。说服党内开展由历届首相、大藏大臣参加财政结构改革会议的人也是宫泽。①

加藤在25日致电桥本提议："应该开展财政结构改革会议啊。"等待许久后，桥本回答他说："我想和你探讨一下。"②

就这样，《财政结构改革法》从成立起仅仅4个月，就开始了修正。

桥本自己在3月中旬就开始大致构想减税的问题。

"首相十分清楚由于政策路线变更，要承担相应责任的风险，加藤与山崎他们的信念并不够强烈，"据首相身边的人回忆说，"虽然财政再建是必要的这种意识很强，但要依据法律来规划的想法，是当时的梶山官房长官和与谢野馨副长官提出的。经济环境也恶化了，首相对此也并未十分在意。"③

3月26日，自民党、社民党与首当其冲的执政党决定实施规模最大超过16万亿日元的经济刺激对策，并向官邸提交了议案。只是当时对于减税，只记录了"个人所得税、法人课税等的解决方案急需尽快探讨"。

---

① 加藤回忆说："宫泽先生也许有说过，到了那个阶段已经不可能执行《财政结构改革法》了。很早就已经确定了要改变路线和修正预算了。"

② 关于《财政结构改革法》的制定，桥本回忆说："我知道不能缩小选择范围。要说没想过要在某方面抄个近道，那也是假话。"

③ 对于此，大藏省干部在1997年桥本决定停止特别减税的时候说道："如此一来，凯恩斯主义也要完了吧。"表明了他十分渴望获得财政重建的主导权。

桥本接过了这一烫手山芋。

进入4月后，官邸的工作人员与大藏省进行了非正式调整。政务秘书官江田宪司、通产省出身的林洋和、大藏省出身的坂笃郎等秘书官一边听取桥本与主计局的意见，一边总结出了减税案。

负责税制的主税局认为，只需将2万亿日元的特别减税一直延长到1999年。但是这2万亿日元减税的冲击力过弱，这点在1996年12月也已经得到了证明。在听取桥本的意见后，江田等人将1998年的特别减税从2万亿日元扩大到了4万亿日元规模，并决定1999年也将2万亿日元减税案作为持续方案进行整合。同时他们也绞尽脑汁想出了将法人税率降低到国际标准的提案，因为比起具体的经济效果而言，这是更能体现桥本政权的政治决断。

4月初，在主计局长的接待室开展的会议上，毫不知情的主税局以4万亿日元难以达成为由，强烈反对了提案。会议的很多在场者都记得，首相秘书官当时语气强硬地说道："你们这些官员都是首相的人。"所以应该听从首相的意见。①

另一方面，对于将法人税率降低到国际标准的方案，由于所得税减额采取的定额方式并不相同，整个税制体系就成了重要确认事项。原本自民党的税制调查会上的讨论也是必不可少的，但为了在有限的时间里得出结论，首相官邸的成员们又再次绞尽脑汁思考起来。

一位秘书官提议："我们试试抽签吧！"于是官房副长官额贺福志郎前往了自民党税调会长山中贞则的事务所。山中担任税调会长多年，被

---

① 在此次会议上，主计局的出席人中没有一人反对这4万亿日元的计划。因此，大藏省内就有人猜测，主计局负责人是否密切参与了4万亿日元的计划。

称为“税之神”。秘书官们将获取山中的同意称为获得了“大吉”签。最终山中在大致了解情况后，回答说1999年下调税率也是可行的。这对于不管怎样都想在2000年前开始采取行动的官邸来说，的确是抽到了“大吉”签。“果然要抽着试试看呢。”秘书官们都开心地大笑起来。桥本政权已经做好了转变路线的准备。

4月8日下午7点40分，1998年度预算案通过了参议院本院会议。4月9日，桥本在众议院本院会议结束后，联系了大藏大臣松永光、经济企划厅长官尾身幸次以及自治两省的事务次官进行紧急会议，下达了4万亿日元减税的指令。据当时的会议出席者回忆，桥本说过，“这是必须完成的事”。

在会议上自治省表示，减税一事对地方财政来说十分严峻，露出了难色。松永光说服自治省事务次官松本英昭说：“因为从过往的惯例来看，国税的所得税进行了减免后，住民税也应进行减免。这是必须紧急处理的事情，请不要犹豫。”

松永回忆说：“正好当时的自治大臣不在场，自治省事务次官肩负了责任。那场会议完全是首相主导的。”

接着下午3点半，干事长加藤纮一、政务调查会长山崎拓、总务会长森、参议院干事长村上、干事长代理野中广务等人在办公室里召开了会议。

加藤说：“首相如果要这样做的话，我不反对。在财政结构改革会议上对于应该进行法案修改的意见也占了大多数。”加藤认为，如果此时提出减税意见的话，肯定会招致反对，所以他一边思考着如何表述，一边说道：“虽然召开财政改革会议提出减税政策较为保险，但是为了维护首相的颜面，是选择安全保守的方式，还是选择更能展现首相的领导力的方式，我较为推荐安全保守的方式，最终如何进行还是看首相个人的决断。”

认为必须坚持财政结构改革路线的山崎也表达了他的意见：“我也听从首相的指示，但是我担心在公布减税后国会可能会进行暂时休整，我认为还是要考虑财政改革会议等能进行得更为顺利的方式才行。”

加藤、山崎也认为进行财政结构改革会议后再公布减税决断的话，批判会相对来说更少些。但是桥本坚持说：“不，我要自己决断。”①

下午5点，桥本召开了记者会，表明了会进行4万亿日元的减税，同时《财政结构改革法》也会在国会上进行修正。他反复强调了会继续维持财政改革基本路线不变，“财政结构改革的基本框架不会更改，如何进行紧急应对我们会继续探讨，保持《财政结构改革法》的基本框架的同时，进行最小限度的修正”。但是当时的一名秘书官回忆说：“其实首相和我们心里都清楚，财政结构改革路线的确进行了变更。”

桥本之所以这样说，是因为想要在树立官邸政权主导的同时，尽可能减少对路线转变的批判。欧美方面自不用说，金融界、媒体等均控诉过政府必须采取应对经济不景气的措施。党内的反执行部和在野党都要求过进行大额减税，所以即使修正《财政结构改革法》进行减税，也不会动摇政权的根基。

但是超出桥本预料的是，在野党在要求召开的众议院预算委员会会议上，却对桥本进行了严厉的批判。民主党的菅直人这样批判说：“首相，

---

① 以1998年4月9日下午4点开始在官邸举行的会议上的参加者留下的笔记为基础整理而成。

您现在就是寓言里那位穿新衣的国王啊。您看看，这就是您制定的如此优秀的《财政结构改革法》，日本的经济也完全没有问题，官员们这样奉承着您，让您觉得您穿着一件华丽无比的外衣，实际上却光着身子啊！"

自民党议员们也提出了如下意见。深谷隆司说："为什么不早点采取行动呢？虽然这次的决策正确，但在时间上还是有些晚了。"小杉隆说："这次特别减税或者说政策性减税的方案触及税制问题，但希望将视野扩大到永久性减税这一点上。"①

自民党内部的批判也络绎不绝。在指挥官表现出缺点的那一刻，防卫线被迫一下子后退。对于《财政结构改革法》的最小限度修正一事也并未结束。

官邸、主计局最初只将限制赤字国债的发行定为修正对象，同时考虑在经济恶化时，停用这一适用政策而改为弹性条款项目。② 但是在4月10日再次召开的财政结构改革会议上，接连出现将赤字国债发行额定为零的年度目标意见，同时对于依据主要经费支出来制定支出上限的封顶制，厚生劳动大臣小泉纯一郎强制要求取消社会保障支出相关费用的封顶。

《财政结构改革法》规定1999年、2000年的社会保障相关费用必须控制在2%的增幅。③ 但是随着高龄少子化的加剧，社会保障的预算必定增加，所以厚生劳动省认为控制2%的增幅并不合理。

---

① 皆源于1998年4月13日众议院预算委员会会议记录。

② 在1998年4月13日的众议院预算委员会上，桥本进行了如下发言："关于逐年缩减特例公债的规定，可以考虑引入一种能够实现弹性化的措施。仅仅做到这些修正就足够了。因为这是最低限度的要求，所以我想强调这一点。"

③ 《财政制度改革推进特别措施法》第八条第二项。

的确，在封顶制的支出上限里，最为严峻的就是社会保障相关费用。如果要将社会保障相关费用的增幅控制在2%，即3 000亿日元，同时维持现行的制度，就相当于大约要8 000亿日元。这样计算下来，就必须进行5 000亿日元的支出削减。据主计局当时的负责人回忆，小泉反对的真实意图是："原本小泉支持采取财政再建的意见，并勉强同意了《财政结构改革法》，同意了社会保障费的阶段式目标。但现在结果却是要进行减税，如果法律变更的话，社会保障预算也应该改变。"

桥本、加藤和山崎都试图说服小泉，但小泉以内阁辞任为由，一步也不退让。在4月24日的财政改革会议上，最终不仅引入了弹性条款项目，同时将赤字国债的发行延长至2005年，也决定从1999年开始废止社会保障相关费用的封顶制。① 最终，赤字国债的缩减、2003年度财政健全化的目标，以及《财政结构改革法》的主要内容封顶制都需要进行修改。②

在此期间，大藏省主计局也没能担当起财政调整的中间角色，由于贿赂性接待事件的影响，一年前的财政改革会议也没能形成主要意见。同时，主计局内部也在反省，赤字国债的每年缩减等就是因为《财政结构改革法》制定的过于严苛了。据当时主计局的一位负责人回忆，主计局长涌井洋治也认为需要考虑更加现实的对策，在3月下旬下达了准备

① 《改正财革法》中规定，"发生明显异常且严重的紧急灾害，或者是经济活动明显停滞从而对国民生活产生重大影响后，在采取应对措施上有着重大困难时"，可以免除缩减赤字国债的义务。

② 日本政府在4月24日决定对以特别减税为中心的总项目实施166 500亿日元的综合经济措施。另一方面，《改正财革法》于1998年5月29日与《特别减税法》一起生效。在那之后，小渊政权确立了冻结的方针，《财革法停止法》于12月11日获得通过。

修改法案的指示。但是，最终的修正案也超过了主计局所预想的范围，一位干部回忆说："弹性条款项目和目标年度延长是没办法的事，但没想到就连封顶制这种体制都需要重新设计。"

桥本大刀阔斧改变财政结构改革路线的结果，就是给自己的政权蒙上了阴影。

最终，虽然是官邸主导进行的改革，但为了迎合政党与海外的要求而采取大额减税政策，甚至陷入修改封顶制的混乱中，这等于给桥本的领导力打上了问号，也让桥本与建议对减税慎重处理的加藤之间产生了隔阂。①

据当时首相身边的亲信回忆，经济政策的实质性决定权，渐渐从首相官邸转移到了自民党内部。由党内考虑政策，再在党内考虑是否实施。桥本的内阁支持率也持续走低，政权逐渐没落。

拯救长银

黄金周给了生活被国会审议充斥着的政治家们一个短暂外游的机会。5 月 4 日夜里，自民党干事长加藤宏一在冒出新绿的中央公园附近的纽约大使馆里，等待着一位神秘人物的到来。

加藤的访美是 10 天前的临时决定。在 4 月 24 日综合经济对策达到

① 加藤回忆道："因为是首相决定的，所以我当时就认为是不得已的结果。但是，明明一开始是让我们去实行（财政结构改革路线）的，为什么后来在我们正在行动的时候要停止呢？当时感到非常沮丧。"

历年最大事业规模的166 500亿日元后，桥本指示政务调查会长山崎拓就经济对策的内容和效果向美国进行说明。听说山崎要访问美国，加藤坐立难安：

“现在的经济不振，并非是因为消费税率的上调等让国民负担增加了9万亿日元。这是金融系统本身的问题，是惜贷的原因。”①

“但是美国却一味要求减税，即使实施了特别减税，‘永久减税’的言论也不绝于耳。美国是没有分析问题的能力吗?”

加藤思考着，他判断，“美国对日政策的相关决定者人数意想不到的少，这正是向纽约、华盛顿的民间人士、学者和记者们说明日本金融情况的好时机”。于是，在山崎访问华盛顿5天后，他抵达了纽约。

位于曼哈顿的日本驻纽约总领事馆是1903年犹太富豪修建的历史性建筑。在1970年左右被日本政府买入，作为外交领事馆使用。

纽约总领事馆在5月4日晚上8点左右，计划开展以加藤为主嘉宾的晚宴。伴随执政党干事长的来访，也邀请了各界的许多嘉宾，其中不乏许多想与加藤热切交流的人。

“也许时间会有点晚，但我还是想见加藤一面。不管等到几点都没关系，我一定会等他的，请帮我传达一下。”纽约联邦储备银行的行长威廉·麦克唐纳（William McDonaugh）传达了他迫切想见加藤的心情。

与日本中央银行制度不同，美国实行的是十二地区的联储制度，负责管理的是位于华盛顿的联邦储备制度理事会。纽约联邦储备银行

---

① 加藤还回忆说：“医疗保险增加2万亿日元可能会（对缓解经济恶化）有所帮助。我当时想着，这也许能对缓解对未来的不安感有些许的帮助吧。”

是负责市场利息操作的政策性执行机构，同时也肩负着国际金融系统的监督职责。行长麦克唐纳的影响力仅次于美联储主席格林斯潘。

迟到了一个小时终于抵达领事馆的麦克唐纳和加藤并桌而坐，说道："作为干事长，希望您能将金融对策好好整理出来，这是您必须做的工作。"担心过多地说这些话可能会影响晚餐的进行，所以没有具体展开讨论。但是麦克唐纳还是迫切表明了态度："加藤，我在这里再重复一遍，现在是非常重要的时期。"

不仅是加藤，自民党也将金融相关问题都交付给大藏省处理。因为专业性强，机密事项多，如果处理不好就会有内部信息泄露的风险。听了麦克唐纳的话，加藤瞬间明白了："原来如此啊，他们也在担心日本金融当局领导力丧失的问题啊。"

受到贿赂性接待事件的影响，大藏省、日银都处于暂停职能的状态。加藤想，美方期待的是如果行政失控，那只能寄希望于自民党了。第二天要前往华盛顿的加藤，在 5 月 5 日美方专家团主办的公开演讲中发言说："北海道拓殖银行、山一证券的破产，是金融完全自由化前，从船队中最先掉队的两艘船，随着舰队的航行，船队分散开来的话，会有更多掉队的船出现。"

会场里开始骚动起来。

"但是，这种护送船队的方式是否要继续进行，也是市场判断的结果。国家与其经营并无关系。这个改革也没有回头路可走。"① 加藤这

---

① 摘自 1998 年 5 月 5 日，美国经济战略研究所中的演讲记录。盐崎恭久透露"会有掉队的船出现"，这一段的原话是当时恰好在华盛顿的参议院议员盐崎写的，并寄给了在纽约的加藤。

番与护送船队式行政诀别的宣言，预言了日本国内金融市场将有新的大型机构破产。此后，5 月 6 日，周一，东京市场的平均股票价格以 1 小时 472 日元的速度急转而下。加藤也不知道，近乎焦急的麦克唐纳的发言是仅仅对金融当局功能失控的担忧，还是对前方未知风险的恐惧。① 但是新的危机已迫在眉睫。

资本注入后，收敛了一段时间的抛售日本股票的海外势力在春天又迎来了一波激增。外国投资家从 4 月开始，在股票市场抛售股票导致平均股价从年末的 16 000 日元跌到 15 000 日元左右。

日元市场因 4 月下旬的综合经济对策与大规模市场介入而维持了 1 美元等于 129 日元左右的汇率，到 5 月 18 日就突破了 135 日元，日元的贬值也变得越发严重。佐佐波委员会上达成的资本注入的统一意见加上金融当局的机能麻痹，投资家对日本经济产生了失望，所以日元也成了被抛售的对象。

6 月里发生了一件事。

6 月 5 日，像往常一样，在乘坐电车通往都市中心的路上，大藏省银行课的负责人看见了挂在电车吊环上的月刊杂志的广告上写着："长

---

① 山崎拓也在 4 月 30 日会见了美联储主席格林斯潘，他说了这样一番话："泡沫的产生和崩盘会给担保资产，甚至是金融机构的资产带来巨大影响，这些资产的下跌会损伤金融机构的中介功能。若是不能迅速地解决这个问题，并采取适当的应对措施，那么想要回到成长轨道上是很困难的。只要不良债权仍留在银行的资产负债表上，就会影响日本的银行在国际上的信用。"摘自 1998 年 5 月 14 日众议院紧急经济对策特别委员会会议记录。

银破产意味着胆战心惊的银行淘汰赛开始。”①

一瞬间，一种不祥的预感涌上心头。1997 年后，像这样的报道就开始变得习以为常了。长银作为濒临破产的银行之一，以这种形式出现在周刊杂志上也不是一两次了，但是 6 月 9 日白天，伦敦大使馆打来电话，让银行课倒吸一口凉气：“有传言说长银现在处境非常危急，将近 1 万亿日元的付款期限将至，但资产流动性却十分不足，资金也非常短缺。”

在伦敦引起的骚动，起因是英国的知名经济报纸《经济时报》在 6 月 8 日对长银问题的报道。“这不是开玩笑的事，他们完全是在胡扯。”银行课下达了消除谣言的指示，但这股喷涌而出的危机之浪，却覆水难收。

每股将近 200 日元的长银股票，在 6 月 5 日下降了 18 日元后，在 6 月 9 日又暴跌了 41 日元。成交额增加到将近原先的 10 倍，大约 2 870 万股。讽刺的是，作为大量抛售长银股票的机构，却是长银和瑞士联合银行合资的子公司长银沃巴格证券。“连合作方都抛弃长银了啊！”类似这样的谣言，更加煽动了长银的不安处境。②

长银早在一年前就预测了危机发生并采取了行动。

1997 年 2 月，同为长期信用银行的日债银受到市场影响经历了经

① 这篇调查了长银真实情况的报告刊登于 1998 年 7 月号的《现代》月刊杂志上。

② 因股价暴跌而焦急的长银副总裁须田正巳在 9 日就“与瑞士银行的合作已终止”的传言强调道：“完全没有的事。经营重建工作正在有序进行中，也没有发生传闻中所说状况的迹象。”

营危机。金融债并不属于存款保险的保护对象，所以大藏省与日银在3月说服了民间金融机构的参与，对长期信用银行总结出了一套增资计划。

当时最担心日债银未来的存续问题而频繁造访大藏省的就是长银的干部了。“希望一定不要让日债银倒闭啊。”当时长银的主张只有这一点，银行局相关人员回忆说。因为长银考虑到同为必须依靠市场进行资金调度的长期信用银行，如果日债银倒闭的话，那下一个倒闭的就是自己了。

长银作为第二次世界大战结束后的企业金融后勤角色，随着企业的资金调度，从依存银行的间接金融向着连接市场的直接金融方向进行转变，长银存在的意义也渐渐消失了。与失去资金来源的各个银行一样，乘着泡沫经济的大潮通过不动产投资，导致产生了大量的不良债权。兴业银行、长银、日债银都有相当程度的资产恶化。

为了拯救日债银，长银在1997年7月赌上未来发展，与瑞士银行达成合作协议。① 当时长银的股价还在超过400日元的阶段。

但是，在正式合作的9月，当初达成一致协议的3%股票交互持有，变为了1%。到了12月，瑞士银行与同样身处瑞士金融界的瑞士联合银行合并，这导致与长银的合作环境一瞬间就变了。

据大藏省银行局当时的负责人回忆：“与更早进入日本市场的瑞士联合银行相比，瑞士银行并无在日本的立脚点，所以要与长银合作，如

① 长银相关人员说，当初长银讨论过和瑞士银行合并一事，但从法律层面来说，这是不可能实现的。因此，他们甚至还考虑过两行先共同出资在日本设立一个新的银行，再将长银的资产让渡过去这一办法。

果瑞士银行与瑞士联合银行合并的话，长银便没有那么重要了。”

合作终止的传言四处流窜，1998 年 3 月，瑞士银行对长银提出了无理的请求。在长银股价不断下滑的情况下，两行合资设立的证券子公司三社都将由瑞士银行接收。被逼到绝路的长银，为了维持合作关系，签下了让人屈辱的风险条约。①

原本可以通过瑞士银行在市场上筹集 2 000 亿日元的额度，还有向佐佐波委员会申请支援，但现在都遇到了困难。长银为了避免万一，开始向一些当权者求助。

1998 年 3 月中旬，通过一位议员，长银副总裁上原隆求见了梶山静六。“可能要给您添麻烦了。”上原没有对梶山说明具体的情况，只是对他说：“请您理解。”

到了 5 月，长银又拜访了宫泽喜一。被称为“长银实权者”的前会长杉浦敏介与宫泽约定会面。有长银干部证实，杉浦敏介是带着会长曾泽高雄“为以防万一”的请求而约见宫泽的。

长银的危机，就这样在只有一小部分相关人员知情的情况下，悄无声息地蔓延着。

长银的股价暴跌不止。

大藏省银行课建议长银的资金负责人准备好手头的资金，但是长银方却说：“我们手中有 1 万亿日元左右的流动性很高的国债，所以不用担心的。”

“长银太天真了，这 1 万亿日元抵不过一个月。早点将债权流动化，

① 详细记载于日本经济新闻社《经济迷失的 10 年》。

总之必须将资金准备好!”银行课当时的负责人回忆说,“长银是真的不知道资金操作的恐怖。这与已经尝过恐惧之味的日债银相比,长银的危机感还远远不够。”

但是长银的经营者也知道,股价像这样一直持续下降的话,长银会从现在的信用危机恶化为经营危机。总裁大野木克信一边与银行局保持密切联系,一边急急忙忙为合并奔波。合并对象的选取从相近的银行开始。

大野木最先接触的是同为长期信用银行的日本兴业银行。银行局干部也以“如果长银破产的话,接下来也许就是兴业银行遭殃了”为由去游说兴业银行的领导们。受理长银的提议后,兴业银行并未进行内部探讨,而是直接得出兴业银行无法跟上长银的节奏,很可能会与长银共同破产的结论。

长银也联系过第一劝业银行。但是银行局干部证明说:“长银联系第一劝业银行的当天就被拒绝了。”大和银行也被纳入过长银的候选名单,但是大和银行连话都不愿意搭。

6月19日下午1点,长银股价跌破了100日元。此时共同通讯社向全国播放了如下新闻:

“政府在19日上午,判断长银陷入了经营危机,且其自主重建也十分困难。正考虑与同为长期信用银行的日债银进行合并,已进入具体应对方式的讨论中。”

但是日债银当时自身难保,根本没有与长银合并的计划。长银自主重建困难的消息一时间广泛流传,虽然也进行了辟谣,但长银的股票仍在下午1点45分停牌。市场一度陷入混乱,那天银行股总体崩盘。

但是这则报道却产生了让人始料未及的后果。①

给长银的综合企划部长川上陆司打来电话的是住友信托的企划负责人，他说："长银不会是真的在考虑日债银的事吧。"川上想亲自给住友信托回电。

如今合并一事进行得并不顺利，把川上逼上了梁山。如果住友信托拒绝的话，那就再联系樱花银行试试看吧。面对住友信托的咨询，川上立刻来了灵感。

当天夜里，川上就拜访了住友信托的干部住宅，试探其合并意向。如川上所料，住友信托的确有合并的想法。"那就在一周内谈谈吧！"川上开始了和住友信托银行的商谈。

但是此时，一直作为各家问题银行的依靠的大藏省银行局，却正面临困境。

作为桥本行政改革中心的财政、金融分离的具体实施，从大藏省开始分离银行、证券、保险的检察监督部门，决定重新设立一个金融监督厅。监督厅的独立运作于6月22日周一正式开始。

虽说仍在同一个地方，监督厅的位置还是移到了旁边的合同厅。准备搬离原地，所以纸箱堆积如山，银行局在最后的19日晚，和大藏大臣的谈话里提到："最近与银行相关的一些评论四处流传，银行股价下

① 关于这则通信社报道，银行局干部一笑了之道："我还以为这是在说哪个国家的政府呢。"但是，不只这则报道，此期间的金融报道一直陷入一片混乱之中。不同的报纸所言的长银的"合并伙伴"也不同，就宛如每日一更的菜单一般，这又导致了让市场陷入不安的恶性循环中。一方面是因为金融当局的统治能力日渐低下，另一方面是因为政界和金融界充斥着各种各样不同的信息。

跌，就像1997年11月宣布的一样，存款保护者自不用说，同时也必须保证银行间的相互交易能顺利进行才行啊。”

大藏省为了避开被监督厅支配，金融监督厅的首任长官定为名古屋高检前检事长日野正晴。同时，因贿赂性接待问题被处分的银行局干部不允许进入监督厅任职。这些年经历过金融危机的专家们成为监督厅干部的屈指可数。①

对过去的经历、救济、破产处理一无所知的监督厅能否处理长银危机呢？大藏省的高官都十分担忧，于是点名银行局的三位成员去支援。分别是处理过1997年日债银救济的审议官中井省、银行课长内藤纯一、课长助理伊藤丰。② 在不断升级的危机中，三人悄悄展开了行动。③

6月21日，周日晚。

在东京三田共用会议所里，大藏省事务次官田波耕治、金融监督厅

① 接受采访的所有金融当局者均表示："长银危机是在从银行局向金融监督厅过渡时的行政空白期间，被海外投机商瞄上的。"但是，关于谁瞄上了长银有好几种说法，至今依然是未解之谜。

② 伴随着银行局的废止，中井和伊藤成了静待人事安排的"官房秘书"。6月22日，内藤担任情报政策担当参事官，该职位是旧证券局企业财务课的延续。虽然这是一个与长银问题无关的职位，但是内藤还是以该身份，一直到8月之后仍担任长银"救济"的核心角色。

③ 与大藏省的机能下降有所关联，自民党也针对长银问题做出了行动。政务调查会长山崎拓在7月22日晚间的电视节目上倡导了长银与日本开发银行（现日本政策投资银行）的合并计划，一度让金融当局陷入了慌乱。干事长加藤纮一也在此时对前来解释说明金融对策的通产省干部提议道："长银现在的股价，丰田汽车或索尼可以将其买下。建议他们采取用产业资本收购金融资本，进而使其起死回生的这种极端方案如何？"

次长滨中秀一郎两位事务干部对金融行政相关的后续工作展开了讨论。讨论过程中，长银副总裁上原给中井打来了电话。“总算和住友信托的合并有了眉目。”在这次秘密召开的委员会上，这是决定要与住友信托进行进一步谈判的通话。

得知喜讯的中井很开心，将这个消息传达给了内藤和伊藤，并指示对长银和住友信托都了如指掌的伊藤要担任好中间人的角色。为避免两行间的矛盾，要清楚什么该说，什么不该说。中井和内藤要在伊藤提供的信息的基础上处理好与两行干部间的关系。

6 月 22 日，周一，金融监督厅独立运作的第二天，伊藤在六本木的全日空酒店的一个房间里会见了两行的企划部负责人。长银的综合企划部长川上陆司明确说：“只是不想让 3 500 名银行职员失去前途，长银组织可以按照住友信托的标准更改，我们并不执着于对经营权的掌控。”已经有无论什么条件都愿意全盘接受的觉悟，并表示经营权也可以委任。

住友信托与长银的交涉也有一定缘由。同为巨大财阀体系下的金融机构，住友信托与住友银行的关系一直是双方都头疼的问题。住友信托如果与住友银行单方面竞争的话，必定抵不过住友银行，但住友信托也并没有想要加入住友银行旗下的意愿。所以住友信托的社长高桥温一直在努力寻找适合自身发展的道路。

长银与住友信托曾在金融危机前进行过一次合作探讨。企划部门的负责人们达成了一致。1998 年 5 月中旬，住友信托的干部造访了大藏省银行局，向负责人提及过此事。住友信托盘算的是，“长银的处境现在非常危险，这时我们要伸出援手”。

只要条件符合，长银就会落入住友信托囊中，长银这类大型金融机构也能得以生存，这比起进行破产处理，资产全部被处置掉要好得多。而且，此时长银并未爆出债务超标的数据。在大藏省的审查中，1998年3月的长银被判断为资产状况达标。[①]

长银一方自不用说，住友信托这方也只意识到长银危机的本质是剧烈恐慌波动。“高桥社长也是这样想的，我们会担起责任，接受长银员工的。”很多出席者都还记得，在全日空酒店的一个房间里，住友信托干部明确表达出了想合作的意图。

实务谈判正式进行的那天，长银总裁大野木与住友信托社长高桥进行了电话通话。“实务层面的谈判虽说也在进行着，但还不知道未来在哪里。”高桥与其达成共识，说道：“我们会带着诚意进行进一步探讨的。”

另一边，大藏省的伊藤在23日后，在作为长银方据点的全日空酒店和新桥第一酒店，以及住友信托对策本部的皇宫酒店里，与双方都进行了谈判。最终决定，如果合并的话，长银会将经营权和商号交给住友信托，与此相对应，住友信托会处理长银的不良债权问题。

但是，虽然合作有了雏形，但住友信托内部还是出现了反对合并的声音。表现出合并意向的只有社长与企划负责人。为此伊藤不得不借助住友信托企划负责人，开始游说保守派的干部们。有出席者证实说，伊藤大概是24日、25日左右采取行动的。

“如果再拖下去的话，长银的资金肯定到8月就会耗尽。如果合并的话，住友信托就会成为营业转让的接收方。”伊藤在此时强调了两者合作的好处。

---

① 上一次大藏省对长银进行检察是在1996年4月17日到6月12日期间。

住友信托的一位保守派干部提出疑问：“但是日银如果给予资金帮助的话，长银也会一直存续下去的吧？”伊藤回答说：“这种情况下就要根据监督厅的检察部的检察结果进行判断吧。如果债务超标，建议进行营业转让，如果资产达标，合并的话会更好。”金融监督厅从 7 月开始对包含长银在内的大型银行进行了检察。伊藤的建议是根据检察结果进行最终判断。

为了说服住友信托，二阶段共识案应运而生，即根据金融监督厅的检察结果，如果长银资产达标，则进行合并，如果债务超标，则进行破产处理，同时向住友信托进行营业转让。

对于这一方案，住友信托的保守派也并无反对意见，长银的综合企划部长川上也表示同意。

和伊藤同时努力的是银行局前审议官中井省，他给住友信托的社长高桥打了无数次电话，请求他合作。高桥的回复比想象中好得多。①

不过，中井在请求合作的时候，也不忘给出自己的建议：“高桥，你要坚持不要接受长银的不良债权。如果你不这样做的话，接下来房产就会成为市场的眼中钉。”金融界的常识是，容易达成的协议，都会造成二次灾害。所以中井给出的建议是，比起伴随着风险的简单合并，不如将斩除不良债权的长银收入囊中。

中井也给长银总裁大野木打电话，请求他接受二阶段共识。大野木虽然对长银可能进行破产处理的协议内容表示不满，但如今在 70 多日

① 某位金融当局者透露：“与其说高桥社长是在理性地考虑合并的收益或损失，不如说他更像是在呼吁为了国家，大家应该合作。”

元边缘徘徊的股价让他不得不同意。不过他追加了一点要求，“关于后半段债务超标情况下的约定，请一定不要对外公布”。因为对于债务超标的处理，他想只对外公布为合并。

当然，中井也理解他的想法，毕竟如果公布这种协议的话，长银会瞬间崩塌。所以，高桥、大野木、中井三人秘密达成了二阶段共识。同时，日银也为了避免长银危机开始采取行动。

由于贿赂性接待事件的冲击，日银曾阶段性停止了破产处理。专家们都对长银的危机感到不安。其中一位负责人回忆说：“怎么会受得了因为这样的事而破产呢。”

但是，信用机构局对长银的未来很早就开始抱有疑虑了。在 1998 年 2 月佐佐波委员会采取行动前，信用机构局长增渊稔就曾对长银的副总裁上原说：“到目前为止，时不时有些报告传达给我们。从现在起，我们局要负责房产这一块，而且专门文件也完成了。我说这段话的意思，你应该明白吧。”

信用机构局是专门负责处理可能破产的金融机构的部门，日银将长银认定为了可能破产的银行。上原只回了一句：“我知道了。”

这也是在 3 月的佐佐波委员会上，总裁松下康雄不仅对日债银的财务内容表示担忧，对长银也一并担忧的原因。

即使是增渊，也并不希望长银如此突然的陷入危机。在毫无准备的情况下，总资产 26 万亿日元的大型银行如果突然倒下，毫无疑问会引发金融恐慌。增渊通过自己的人脉联系到了住友信托的高官，对其和长银的谈判进行了侧面支援。

接任松下担任日银总裁的速水优也在 26 日上午直接致电住友信托的高桥社长，希望推动长银与住友信托的合并。

不仅是高桥、大野木、中井三人达成了共识，住友信托内部也在进行意见协调。经营会议连日召开，担心长银财务质量以及影响与住友银行关系的副社长，始终持反对意见，最终意见也没能达成统一。在25日，长银的股价跌破50日元。四处流散的对长银经营的恐慌，导致各地的客户都蜂拥而至，请求金融债的解约。事务次官田波耕治对大藏大臣松永进行了紧急报告，“长银已经无法在市场上获取资金了”。[①] 大型银行的生死，可以说是在和时间赛跑。

6月26日，周五。

住友信托在上午结束了股东大会后，又召开了临时经营会议。此时也有反对意见存在，最终达成合并协议的时间是在下午3点过后。

合并的一部分信息被泄露给了媒体，所以在26日夜里召开了紧急记者会。虽然是总资产达41万亿日元的重大合并案，但并没有展现出半点喜庆。一般来说，类似这样的合并，两行都会同时召开记者会，但此次合并却是分别召开记者会。

“合并后，住友信托的商号、名字都不会变化。而且我们不会接收长银的不良债权。”高桥面不改色地说。他的这番发言也昭示着二阶段共识的后半段共识色彩更浓。

中井将二阶段共识提交给了金融监督厅，至此，他的所有任务都完成了。

① 松永回忆说：“关于合并的事情，事务次官也向我报告了。（事务那边针对合并一事）采取了非常积极的行动。当时的报告称事态在往好的方向走。”另一边，长银危机的相关报告也被送到了桥本手中。虽然桥本叹道，“如果长银倒闭了的话，参议院选举将会大败”，但据说他并没有给出救济等指示。

宣布接受了合并构想的长银，股价开始回升。一直在暗地里进行交涉的内藤和伊藤也卸下了肩上的重担。“此后会发生什么呢？”正当他们这样思考的时候，监督厅开始采取长官谈话的行动。

谈话行动的方案是建立在接受合并构想的基础上，“为使得合并构想能更顺利地进行，会进行最大程度的支援”。大野木抱怨说，此方案中写着“在分析检察结果的基础上”，且并未根据二阶段共识进行文字记入。“我真的希望他们能加入二阶段共识的相关事项。如果只写分析检察结果的话，会给人一种破产后的清算检察结果的感觉。”

大野木希望的是，不要有破产处理的感觉，至少能作为普通的合并来处理。感受到大野木总裁强烈请求的监督厅干部们，发表了如下稳妥的言论：“长银作为我们如今采取检察处理的主要银行，考虑到其最近在市场上的表现，我们决定对其进行速查。”①

监督厅的发言让内藤和伊藤的脑中都闪现了不安：“大野木是真的接受了二阶段共识吗？”

被封印的日美首脑会谈

长银危机引发的日本抛售热潮，也给日元市场带来了重重一击。

1998 年 5 月末，年初 1 美元等于 139 日元左右的汇率，进入 6 月后急转直下。长银股价暴跌的 6 月 8 日，时隔 7 年跌破 140 日元值域，12 日跌至 144 日元 75 分，日经平均股价也跌破了 15 000 日元。这天公布了 1997 年度 GDP 的实际增长率为负 0.7%，成了第二次世界大战结束

① 摘自 1998 年 6 月 26 日金融监督厅长官谈话。

以来最差的纪录，国内外都弥漫着对日本经济衰落的担忧。金融恐慌引起了日元贬值，导致股价下跌，进而加剧了日元的贬值，陷入了不断恶化的循环。

6 月 10 日，大藏省财务官榊原英资在巴黎召开的 G7 代理财长会上，询问了各国代表对防止日元贬值的合作意向。1995 年春天，因为日元涨幅，被称为“日元先生”的榊原是为数不多了解市场心理的官员。

日本汇率政策的传统是强势介入。因为担心在野党、金融界、媒体等的批判，政府只能一味地重复进行市场介入。至于介入是否有效果，并未被纳入考量。但是，榊原批评政府的这种措施只是形式上介入。

因为市场单方向大幅度变动才能带来真正改变，少额、频繁的介入并不能对其造成影响。反而在汇率太高或太低以至于引起不安恐慌的瞬间，进行大规模介入的话，会带来更好的效果。另外，比起单独实施，与其他宏观经济政策并行、与 G7 协调介入的话，会有成倍的效果。在货币当局担任要职时，榊原对负责人们一直强调说，要给市场惊喜。①

6 月 12 日，周五。榊原在国会上对桥本说要探寻介入的方针，并获得了同意。榊原与大藏省国际金融局的工作人员在东京三田共用会议所里的一个狭小的屋子里，与美国财政部进行了电话交涉。但是美方提出作为协调介入的条件，需要日本进行明确的不良债权处理与永久减税，所以并没有达成合作。

仿佛要跌入谷底，日元在 15 日跌到了 1 美元等于 146 日元左右。两

① 日元贬值会削弱亚洲各个国家的出口竞争力。特别是日元的骤然贬值会使人民币贬值，越来越多的人担心这会不会导致一系列的连锁性货币危机。

周时间跌了7日元左右，于是对亚洲货币危机可能再次来临的恐惧，又开始弥漫开来。[①] 榊原回忆说：“当时我真的感受到了日元暴跌的危机感，如果再朝着当时情形发展的话，跌到160日元甚至170日元都有可能。”

但是，美国财政部长鲁宾表示，“日本不直接采取政策介入的话，无法长期改变问题”。副部长萨默斯一边说服鲁宾进行对日合作，一边给榊原施加压力，要求其进行永久减税。

榊原说：“等首相的参议院选举结束后，我们会采取更长期减税政策的。”

萨默斯回答说：“既然如此，那就在首相谈话里写出来。”

榊原表示：“我们无法写，因为这是日本政治系统的要求。”

在当时国会上提出的为实施4月的综合经济对策的修正方案正在审议中。这时，榊原即使想插入话题也无法进行，处于被束缚状态。

电话交涉持续多日，且一直没有商讨出结果。最终，还是在首脑会谈中加入了“为了经济对策的早日实施，我们会进行法人税与所得税的税制改革”。在财长会谈中也加入了“为持续经济恢复，税制改革等结构性改革是需要采取必要行动的”。于是在17日早晨达成共识。

虽然是抽象表达，但美方将税制改革理解成了永久减税，所以收回

① 在这个阶段，日元贬值也导致了大藏省的单独干预被拒绝。若通过购买美元作为干预措施来防止日元升值，那么就无须担心外汇储备，也就是用作干预的资金。但是，当日元贬值时，如果使用抛售美元这一干预措施从而导致外汇储备触底，日元则会面临崩溃的危机。某位当局者回忆说，那一年6月果真就是如此，“若是日元升值，干预情况又会大不相同吧。”

了攻击。但是在与萨默斯交涉的过程中，他还提出了一点要求："想在东京召开财长代理会议，并在会议上确认减税政策。"

榊原同意了他的请求，萨默斯的访日行程也定了下来。而且 G7 与亚洲各国的财长代理人紧急货币会议决定在东京召开了。①

日美事务达成一致共识后，在 17 日零点 35 分开始的 10 分钟里，桥本与克林顿总统进行了电话会谈。②

根据官邸办公室中所记载的会谈内容，桥本在向克林顿说明金融形势与经济政策后，这样说道："我们会舍弃护送船队式行政方式，采取新的政策，并会大胆活用公共资金。"同时桥本还承诺："会把日本经济的成长放在最优先的位置，会采取必要的内需主导措施。"

这样一来，就放弃了被美国一直批判的财政结构改革路线，并明确表达了会采取重视经济成长的路线。在 17 日的伦敦和纽约市场上，时隔 2 年 10 个月的日美协调介入被实施，日元价格也从 137 日元 30 分左右一下子涨了 6 日元。

榊原的惊喜作战方式，留下了永久减税的作业，同时终止了日元的持续贬值。

日美首脑会谈，不管是多短的会议，也不管是什么内容，在对媒体

---

① 6 月 18 日来到日本的萨默斯接连与政府、自民党、日银的重要人物会面，并提醒他们在继续进行有效干预的同时，应该要"坚决且迅速地"处理不良债权和经济低迷问题。但榊原在 G7 峰会上许下的永久减税的承诺最终也没能实现。

② 首脑电话会谈并没有使用通常的固定电话，而是使用了特殊的扬声器型电话。从扬声器里传来对方国家首脑和口译员的声音，首相和口译员对着中间的麦克风讲话，如此进行会谈。外务省每次都会将电话带到官邸办公室。

进行公布的时候，一定是表面的信息。日本首相与美国总统间的会谈，对日本外交来说毕竟是最大的新闻了。6 月 17 日的电话会谈在事前谈好是不对外公开的。但是外交部的翻译在进入官邸办公室时被记者团发现了，所以无法隐瞒。

美方指责日本不遵守约定，并表示了强烈的不满。于是在一周后重新进行的会谈中，连有电话这件事都被隐藏了。再次会议开展的时间是 6 月 24 日，周三的上午，长银面临巨大危机时。

参议院的公示在第二天，桥本在 24 日下午，准备对 87 位候补参议员进行自民党公认证发放。从官邸到自民党本部前的一小时，白宫来了电话。25 日要去访问中国的克林顿总统，在访中前想对日本传达一件事。

克林顿再次强调要采取促进经济的政策，“我们将密切关注市场，而且我们对日本市场的期待很高。因为这对金融的安定和成长是必要的”。并提出如下警告：“如果再让我们失望的话，日元会贬值得非常厉害。”

克林顿施加压力表示，因协调介入而控制住的日元贬值、美元升值，还没维持到一周。如果日本政府不采取迅速行动的话，日元会再次暴跌，这时候美国也许就会放任自流了。

接下来的对话内容也非常微妙。

“你们对于危险的金融机构是怎样处理的呢?”

会谈此时此刻正处于决定是否能规避长银破产的紧要关头。

桥本也闪烁其词道：“如何处理正处于危险状态中的金融机构是至关重要的大事。”

这是两国首脑相互之间才有的“心有灵犀”。根本就没有提到具体的银行名称。克林顿又继续道："（处理不良债权的）具体的、总括性的规划将在何时发表呢？日本的行动影响着世界经济。"

桥本就这一点给出了明确的答复："依据过渡银行方式设立接盘者是必然的。7 月的第一周到第二周会明确下来。创建不良债权买卖市场的相关法案预计也会在下一届国会上提出。"

放任日元贬值的可能性或"可能正处于危险状态中的金融机构"等对于首脑会谈来说，是微微有些腥臭味的话题。① 日方遵守和美国的协定，搁置向媒体公开。24 日的电话会谈被封存了起来。

在这通秘密电话会谈的第二天公示了第十八届参议院选举，这场选举决定了桥本内阁的命运。在此三天前，政务调查会长山崎拓来到了官邸。桥本刚刚在 NHK 录制完参议院的广播节目，回到了办公室。

"首相，其实我有事情想要跟您商量，"山崎提出的是针对参议院选举的经济对策的话题，"我想眼下是不是应该考虑将永久减税作为旗帜来竞选呢？"

山崎像是在试探首相的反应一样提出了这个方案，亲信们如此回忆道。

桥本一副在说"绝无讨论的余地"的样子拒绝了山崎的提议。

山崎自己也一直被视为实打实的财政重建论者，还在两个月前的 4

① 摘自 1998 年 5 月 24 日桥本和克林顿的电话会谈笔记。在 6 月 25 日《朝日新闻》的《首相动静》栏目上只写着："上午 11 点 59 分，官房长官村冈加入。零点 13 分，官房副长官额贺加入。零点 30 分，大藏省国际局长黑田东彦加入。零点 41 分，正副官房长官加入。"据几位首相亲信所言，像这样的非公开的首脑电话会谈不止这一回，据说克林顿有时还会给正乘坐政府专用飞机外出访问的桥本打电话。

万亿日元减税那段期间，与丁事长加藤纮一一同提出过慎重意见。[1]

但是，4月的财政改革路线转变和日美协调介入期间的“税制改革谈话”却使得业界和市场，甚至是媒体对永久减税的期待日益高涨。[2]

加之，民主党、公明党、自由党等在野党在参议院选举的公约中全都提议了大规模的永久减税。自民党的“参议院选举后讨论”这一公约，显得他们有些消极。[3]

竞选拉开序幕的7月2日，政府、自民党为了从根本上解决不良债权问题，决定采取“金融重建全盘方案”。即一方面建立针对不良债权处理的制度，一方面建立一个可以在保护借款人的同时又能处理金融机构破产的“过渡银行”，这是身为政策专家的年轻议员和大藏省、法务省等一起合作的结果。

确实，不良债权处理是经济复兴不可缺少的重要一步。但是想要使其成为10天后举行的参议院选举的“卖点”，有点过于困难了。第二天，日元的价格急剧下跌了近3日元，市场对不实行减税感到失望。

加藤纮一还记得，与此同时，主持选举的干事长代理野中广务出现

① 曾对减税持谨慎态度的山崎在5月访问美国时，被美国财政部副部长萨默斯极力劝说道：“应该尽可能维持长时间地减免所得税。”那之后，他在当地的一次新闻发布会上说，如果经济不复苏，他将采取更多追加措施。

② 桥本回忆说：“曾经那样极力要求我们进行财政体制改革的媒体，没想到结果会转过头来又异口同声（要求我们减少税收）。”

③ 民主党的主张是所得税和公司税为6万亿日元，公明党的主张是所得税和特别退款为10万亿日元，共产党则主张降低消费税率和将特别减税永久化，自由党的方案是10万亿日元，社民党是5万亿日元，在野党的选举主张宛如一场“减税大战”。

在自民党本部的干事长办公室，并提出了这样的质疑："现在全球经济都不景气。即使说问题出在金融上的这个解释没问题，但你们一直在说'过渡银行''过渡银行'，用着这种也不知道是什么的词来作为解决方案，实在缺少说服力。必须提出一个有冲击力的政策才行。"

金融重建全盘方案是加藤劝说年轻议员制定的。对于加藤来说，这是一个极具魅力的方案，但野中的意见也没错。

"所以，那该怎么办呢?"

面对加藤的提问，野中这样回答道："提高官方利率是其一。"

野中从一开始就对日银的超低利率政策持批评态度，一有机会就提出要提高利率。竞选开始之后，在他的演讲中也一直向选民提到，"会在参议院当选后修改利率政策"。

"通过提高官方利率，使存款人的利息收入增加，用于消费。这就是我想说的。"野中向加藤如是解释道。但是，官方利率的操作是日银的专管事项。从4月开始实行的《新日银法》强化了金融政策的独立性。再加上如果在面临着严重不景气和巨额不良债权问题的情况下提高利率，那么其影响是无法估量的。

加藤委婉地回应道："官方利率本来就不该触碰，而且如果触碰了，会对其他方面产生巨大影响。会接连有公司破产的。"

野中突然注意到，虽然撤销了加息方案，但他仍然坚持说"对政务调查会长有所请求"，并没有退让。在不景气的状况下，自民党执行部门的每个人都在为即将到来的严酷选举感到头疼。

参议院选举公示之前，桥本针对所谓的赢输线反复地发表了些暧昧不清的言论："国民会有什么反应？如何激励？或者是如何接受批评？

其具体内容是什么？我会对自己感受到的这些做出评价和判断的。”①

自民党想要和非改选议员共同获得参议院多数席位，即69个席位（总共127个席位），而实际上，赢与输之间的分界线在于是否可以确保改选席位达到61个。

和加藤讨论过后，野中又和山崎进行了谈判——要赢得艰难的选举，无论如何都需要一个具有冲击力的政策。

在7月2日前后，山崎吸取了野中的想法，带着“永久性税制改革”这一关键词拜访了加藤。②

“不是永久减税，而是永久性税制改革。我想加上这个‘性’字，可以吗？”

面对山崎的提议，加藤嘟囔了一声说道：“是永久性而非永久。就是种文字游戏呗。”

加藤也非常清楚选举的严酷。

“哎，也别无选择了。”加藤含糊地这样说了一句，便陷入了沉默。

山崎立即将“同意文书”传真给政务秘书官江田宪司，他正在和桥本一起进行巡回演讲。山崎补充道：“加藤先生也同意了。”

7月3日，周五。太平洋气压逐渐增高。

西日本的各地气温都超过了30度，盛夏的酷暑来临了。桥本在上午9点半过后从羽田出发，来到炎热的熊本，在街头进行演说。下午1

① 摘自1998年6月18日，国会例会结束后桥本首相的记者招待会记录。

② 野中说他虽然不记得与山崎讨论了永久减税措施，但他记得建议过应该要重审低利率政策。

点过后，在自民党熊本县支部联合会召开了记者招待会。

“政府税制调查会已经开始讨论了，而且执政党的税务调查也将会在参议院选举过后开始。其结论是，期盼实施‘永久性税制改革’而并非特别减税。应该会往这个方向走吧。”

山崎设想出的“永久性”这一词，经由桥本首次向媒体披露。

第二天的早报都将其作为头条新闻进行报道。

在山形县进行巡回演讲的加藤对其反应之大感到惊讶。因为说的是“永久性税制改革”，所以他以为最多只会写一篇两段左右的报道而已。面对来访的同行记者团，加藤回应道：“不会是特别大幅度的减税。嗯，就是份心意。”

这个回应被报道出来后，秘书官江田在电话中顶撞道：“干事长，您不是已经同意了吗?”

加藤用抱歉的语气说道：“我很抱歉当时用含糊的话语回复了你，但是这有些难办啊。”

提案人山崎当时考虑的是大约 4 万亿日元的“永久性减税”。他成功地“说服”了反对减税的加藤，以为已万事俱备。山崎还找到了回到鹿儿岛的自民党税调会长山中贞则进行事前沟通，一步步地做着准备工作。

另一边，据说收到山崎传真的江田等桥本的亲信，在断言说“稍微被媒体误解一些也不要紧”之后，还把这些话复述给了桥本。①

---

① 据桥本的亲信回忆，在熊本举行的记者招待会之前，大藏省出身的坂笃郎秘书官向桥本解释说：“如此一来，这句话既可以理解成要减税，也可以理解成不减税，所以说了也没关系。”

不是“永久减税”，而是“永久性税制改革”，所以桥本自己也以为没有问题。

像传话游戏一样的“暧昧不清的协议”很快就崩溃瓦解了。

7 月 5 日，周日，竞选进入了下半场。

桥本作为自民党总裁出席电视节目时，面对主持人的追问，他得意地说道：“我们并没有说是永久减税。”“重审税制后，我们不认为会增税。可能会采取税收中立。”

加藤也在参加电视节目的时候说道：“既有永久减税的部分，也有很多让大家自己负担的部分。所得税、住民税将会有千亿日元级别的净税收减少。”

媒体责备桥本和加藤相继发表的否定见解是“迷失”。党内也有不满的声音说：“到底减税还是不减税，首相应该让他们明确地说清楚才对。”从周初开始播放的媒体对情势的分析中，也能接连看到自民党正陷入苦战之中的报道，桥本再次陷入困境。

7 月 8 日，在名古屋市内的选举期间，最后一次首相会面已在筹划中。加藤、山崎等人和干事长代理野中在 7 日深夜与官房长官村冈兼造等人间断地进行了协商，他们在要不要明确公开已经否定了永久减税这件事情上存在分歧，最后也没有得出结论。

这次会议也邀请了桥本，但是他以深夜还要特地离开官邸太显眼了为由拒绝出席。有关人员回忆说：“党内意见到最后也没有达成一致。”

7 月 8 日，周三。桥本启程准备开始全国巡回演讲，所以便在前往羽田机场的车上打电话给山崎：“会面上的发言内容，你能和野中商量讨论一下之后帮我提交吗?”

山崎、野中和村冈聚集在党本部的干事长办公室，在中午之后对文案进行了讨论。反对永久减税的加藤因为要去地方进行巡回演讲，所以在协商的中途离开了党本部。

从羽田来到高知，结束了街头演说的桥本在下午2点前乘坐日本佳速航空的飞机到达了名古屋机场。接下来就等着开始在丰桥市内的街头演讲了。发言概要从党本部递到首相车内正好就是这个时候。

“重审永久性税制的结果是，从明年开始实施国民支持的减税。”

秘书官江田传来的传真上这样写着。桥本看完后一言不发地凝望着车窗外的景色。

选举中不得不在全国四处奔走的桥本一直试图在长途旅行中获取睡眠。但是亲信们记得，他只有在这个时候，才会凝视着某一处陷入深思。

公开永久减税，这意味着将完全背离财政结构改革路线。

桥本心想，作为首相，对国家财政负责不是理所当然的吗？有人担心“放弃路线”会带来责任问题，但更重要的是，没有财源，也没有十全的对策，他在犹豫是否要无视那些反对意见，直接开始下一步行动。

另一个问题是社保费与税金之间的关系。

在由国民个人负担这一点上，两者是相同的，但是所得税的起征点是发达国家中最高的。[1] 即使减税，刺激消费的影响也仅适用于中等收入和高收入人群。另外，社保费实际上是一种税金，但是它却没有起征点的

---

① 以一对夫妻加上两个孩子的标准家庭为例，这样的家庭的所得税的起征点是316万日元。不过，实施特别减税后，当年的所得税起征点会上调至491万日元。

概念，且随着出生率的下降和人口老龄化，负担的增加是不可避免的。

永久减税和社保费的负担增加双双来临时，“国民负担”会怎样呢？在逆进性方面没有问题吗？此外，劳资双方五五分的社保费负担额度一旦增加，不会给企业带来沉重负担吗？

桥本回顾时说：“即使在国会上以国民负担率来回应对减税问题的询问，但如果提问人说他根本没有在问这个，那么谈话也就到此为止了。媒体也不会报道他们不感兴趣的内容。即使那样解释，人们也只会说，他们想要减税。”

下午5点过后，桥本乘坐新干线从丰桥回到名古屋，在自民党爱知县支部联合会举行的记者招待会上，将拿到手的发言要领原封不动地读了一遍。

桥本已经没有发挥自己主导权的余力了。因这次永久减税的公布，据说亲信们已经做好了将会迎来“桥本内阁终结”的心理准备。

7月12日，投票日，全国大部天气晴朗。在首相官邸，政务秘书官江田宪司等人“采集”了各大媒体的票站调查结果，报告给了桥本。

到中午为止，预期的议会席位数为“55左右”，随着时间的推移而减少，到了下午2点，变成了“40”。

当结果敲定为“40”时，桥本决定辞职。①

当时在桥本身侧的江田回忆说：“从竞选开始之后，首相和我之间

① 自民党的某位元老议员向桥本进言说：“没必要因为参议院的结果而引咎辞职。”桥本的亲信透露说，但是桥本自己被河野洋平逼迫说需要总结1995年参议院选举的失败，而正因为他有过担任自民党总裁继任人的经历，所以这个决断下得非常快。

有了个不成文的约定，就是如果输掉了参议院选举，就下台。首相本人对自己要辞职一事也没有犹豫，我也确信他会辞去首相一职。”

大约在同一时间，干事长加藤纮一也奔走于城市各处。

下午2点，加藤向其盟友山崎叹道：“这很危险啊，内阁要发生更替了。”一个小时之后和野中会谈时，他这样说道：“等不了了。接下来是小渊先生，只能由您担任官房长官了。只能是这样了。”

和桥本、加藤料想的一样，结果是惨败。别说是确保改选席位了，连离50个席位数都还差得很远。[①] 6月实施的《改正公选法》中，将投票的截止时间从原先的下午6点延长至了晚上8点，选民投票率比1995年要高出14个点。反对“经济失败”的民主党和共产党得以往前跃进，而自民党离到参议院的半数还差23个席位，因此败北。

第二天，13日的早晨，桥本在党干部会上正式表明了要下台的意向。

自1996年1月开始行动以来，桥本政权把同年秋天的大选化为动力实行了六大改革，终在2年零7个月之后拉上了帷幕。

他总结了中央省厅的重组计划，制定了《财政结构改革法》，为金融大爆炸改革方案铺平了道路。但是，自从1997年夏天内阁支持率达到巅峰之后，经济状况急剧恶化，70年一遇的金融危机出现了。不管是匆忙引入的公共资金，还是反复的减税，都没能成为重建经济的特效药。

---

① 当天唱票的时候，自民党有44个议会席位。通过第二天的追加公认，最终确认席位数增至45个。当时的大藏大臣松永回忆说：“减税发言的模棱两可是选举减分的原因。”

回顾过去，桥本说："日本的制度如同蛛网一样错综复杂，无法做到拿掉其中一个还能修复它。本想干脆对整体都进行大幅度改造，但是没能成功。在参议院选举中国民给他们打上了不合格的分数，所以果然还是失败了。"

首相辞职时公开的讲话中有这么一句话："国民把国政交到我的手里，为了国民和日本的将来，我已朝着我认为对的方向倾尽了全力。"

7 月 30 日，接过花束的桥本强颜欢笑，在职员的送行下离开了官邸。①

① 桥本在 1999 年 10 月接受作者采访时说："改革的必要性此后也不会消失。我将继续在这个方向上一边寻找着自己力所能及的事，一边工作。"如他所言，2000 年 12 月，桥本在第二任森内阁中，以负责行政改革、冲绳和北方应对措施的内阁府特命担当大臣身份入阁。他还参加了 2001 年 4 月的自民党总裁选举，但最后败给了小泉纯一郎。在总裁选举中，桥本说："我错判了财政重建的时机。"承认了他在 1997 年政策选择上的失误。

第五章

迷失的尽头

为什么大银行倒闭了

围着小渊惠三新总裁（左数第二位）握手的分别为（左数）首相桥本龙太郎、厚生劳动大臣小泉纯一郎、前官房长官梶山静六。

（东京，自民党本部，1998年7月24日，©《每日新闻》）

落伍的凯恩斯经济学拥护者

1998年夏天的酷热持续了很长一段日子，被高温包围的列岛宛如蒸笼一般。

目睹了长银和住友信托合并计划的大藏省官员中井省，于7月1日就任国际局次长。工作交接完毕，国际金融的新工作堆积如山，但仍有一事让他十分放心不下。

在长银危机的紧要关头，总裁大野木克信和副总裁上原隆拜访了银行局的中井。一脸沉痛地坐在沙发上的大野木突然开口说道："若再开一次佐佐波委员会，能不能收到资本注入呢?"

为克服危机，大野木提议希望能进行公共资金注入。

中井立刻摇了摇头："不行。这样做不合法。而且市场已经变成这样了，如何开得了委员会呢?"

《金融安定化法》中规定：向一般银行进行的资本注入只能针对那

些“经营上尚未出现明显恶化情况的金融机构”。[①] 依据中井的判断，虽说是因为遭遇了股市抛售和市场打击，但长银的资金管理确实已经陷入了危机，实在无法被认定为是“经营上尚未出现明显恶化情况的金融机构”。

但大野木却不畏惧：“向自民党请求修改规定如何？”

中井怀疑自己是不是听错了。怎么会想到要向国会议员提出改变审查标准的请求呢？

“你在说什么呢？要是那样做了的话，政治会被搞得一团糟的，”中井提醒道，“大野木总裁，请小心一些，绝对不能将政治家卷入进来。”

当上了国际局次长的中井陷入了片刻的沉思：难道说？不，我都这样提醒过了，应该不会再去那样做了吧。

然而，没过多久，中井就见证了长银被政治搞得一团糟的末路。

经历了在参议院选举中的惨败和桥本的辞职后，自民党进入了首相选举。

在桥本内阁担任外务大臣的小渊派会长小渊惠三、厚生劳动大臣小泉纯一郎、无派系的前官房长官梶山静六成为候选人，展开了激烈的拉选票活动。梶山把于 1998 年 3 月公开的构想作为政策的核心，提议通过强制计提不良债权，“两年内给金融体系做一场大手术”的硬着陆路线。另一边的小渊，将总额超过 6 万亿日元规模的减税和 10 万亿日元规模的追加修正预算作为核心，高举所谓的“经济恢复愈合”旗帜，路线上的分歧表面化了。

---

① 《金融安定化法》第三条第三项第二号。

7 月 24 日的两院议员总会上，小渊因得到宫泽派和旧渡边派的支持，在第一回投票中获得了半数选票。由于小渊首相的诞生，确定了软着陆路线。[①] 小渊立即展开组阁。重点是选出以“经济恢复”为要领的大藏大臣。对于不熟悉财政金融的小渊来说，大藏大臣手握着当前政策选择上的重要钥匙。

“要找到对外能展现出果断的不良债权处理意愿的‘最大最强’的人。”小渊 7 月 26 日在马尼拉如是说道。

“最大最强”指的是前首相宫泽喜一。因为作为通晓经济的大人物，1997 年秋天的金融危机以后，在公共资金的注入和财政结构改革路线的转变等关键财政金融政策上，宫泽都大有作为。

那时的宫泽似乎像是厌倦了永田町的喧闹而出游法国，回国参加完 24 日的首相选举后，回到了轻井泽的别墅中静养了一阵子。前首相再次入阁已无可能，宫泽心想。

听闻小渊在马尼拉的发言，心里虽然有种不好的预感，但还是觉得自己再次入阁这事绝无可能。

然而，宫泽还是再一次上场了。加藤纮一作证说：“小渊让我去拜托宫泽先生。如果宫泽先生拒绝了的话，下次他就亲自来。”[②]

---

① 首相选举中梶山也获得了 120 票，显示了其威信。不过，梶山之后虽提出过一些政策建议，但想要接替小渊的梦想最终也没能实现。2000 年 4 月，他将自己的政治理念整理成册，出版了《破坏和创造——探索日本复兴之道》（讲谈社）后从政界引退。同年 6 月 6 日去世，享年 74 岁。

② 据说加藤对就任大藏大臣一事持保守态度的理由之一，便是首相接班人小渊主张要进行大规模的永久减税。加藤是强烈反对减税的，听到小渊的提议后便说道：“我决定不当大藏大臣。”

7月28日。加藤的个人事务所中，宫泽的秘书官出现了，事态发生了转变。

“报纸上漫天报道，到底怎么样了?”

面对后来成为众议院议员的秘书官宫泽洋一的提问，加藤如是反问道:“宫泽先生内心是如何想的?”

“似乎是关心的。”

加藤给在轻井泽的宫泽打了电话，说是受到小渊的请求，劝说其出任大藏大臣。

“这不是我那个年代的人该出场的舞台。您来做就行了。”宫泽坚决辞谢。

加藤不放弃地又沟通了好一会儿后，宫泽松口道:“现在去东京还早了些吧。”

加藤立刻打电话给小渊，提议道:“宫泽先生有答应下来的意向，但这事儿的时机很重要。”

小渊在29日让加藤转达了他会去轻井泽亲自上门拜托的意向。

宫泽像是认命了似地回到东京，当天傍晚接受了小渊的请求。①

1997年年末，和桥本龙太郎在首相官邸中进行面谈协商以来，宫泽担任了“幕后大藏大臣”。把控经济政策，作为对外谈判的窗口，接待了鲁宾的访问。何时登上台前，也只是时间问题。②

---

① 小渊特地去到宫泽事务所，劝说道:“如果这件事情不解决的话，我就只能放弃组阁。”宫泽不知道小渊是“一旦说出口就听不进其他意见的人”，对他的“执着”感到惊讶。

② 桥本身边的人说，若是没有在参议院选举中的惨败，那么即使桥本内阁当政，宫泽也可能被指名任大藏大臣。

此时的宫泽78岁。有过首相经历又再度担任大藏大臣的人，自将日本从昭和恐慌中拯救出来的高桥是清之后，便是宫泽了。卸任大藏大臣近10年的宫泽在就任记者招待会上这样发言："能把我和高桥先生放在一起比较，我感到非常荣幸。我希望可以做那样的工作。"

宫泽洋溢着的自信和热情，一方面让因"贿赂性接待丑闻"而消沉的大藏省官员一下子又重新燃起了勇气，另一方面也让他们陷入窘迫。

记者提问道："大家都说您是位积极财政论者，您本人也认同这一看法吗？"

宫泽回应："我认同。我被叫作'落伍的凯恩斯经济学拥护者'。"①

此时逗笑全场的宫泽对日本经济潜在的活力深信不疑。在民众需求低迷时期只需果断地发行债券，通过政府需求来填补通货紧缩缺口。只要点燃民众需求，税收就会大幅度提高，这样一来，财政赤字就能被很好地控制住，宫泽如此坚信着。②

宫泽接连不断地汇总经济对策。③

8月4日，小渊在赤坂王子酒店与自民党税制调查会的干部进行

---

① 摘自1998年7月30日在大藏省内召开的就任记者招待会会议记录。

② 在1998年8月19日众议院预算委员会上宫泽说道："由于经济起伏不定，有时就算放任不管，因形势较好，税收弹性系数也远远大于1，即税收增加的时期；也有并非如此的时候。由于现在我们进入了漫长的停滞期，除非我们推动经济发展，否则增长率是不会增加的。我认为税收不会增加，因此即使财政出现赤字，经济振兴也将是重中之重。"

③ 宫泽的亲信说，当初宫泽特别在意高桥是清。1927年，在金融危机最高峰时出场的高桥在就任后立刻起草了经济政策，制定了法案。仅42天之后就辞职了。也许模仿了高桥，宫泽上任后行动也非常积极。

了协商，小渊签订的公约——“永久减税”，其框架眨眼间已被整理完毕。[①] 11 日，1998 年度的第二次修正预算案和 1999 年度初步预算案一并起草完毕，公开了“十五个月预算”方案，作为眼下的经济刺激措施，还决定了在预算要求中设置 4 万亿日元的经济刺激措施特别储备金。简直是凯恩斯经济学拥护者的天下。

在那之前，宫泽从未在身居大藏大臣和首相之位时实施过自己所希望的积极财政，一直被主张财政再建路线的预算局阻挠。

“1986 年的夏天就任大藏大臣时，我就强烈提议过必须进行预算修正。坦白说，这在大藏省内并没有获得多少赞同的声音。”[②] 宫泽自言道。

但是，第二次上台后，预算局的官员们已没了以往的权力。因受“贿赂性接待丑闻”的余波影响，大藏省内死气沉沉，几乎无人反对宫泽。

“面对宫泽大臣，预算局抱着‘敬而远之’的态度。会跑进大臣办公室直接提意见的只有主税局长一个人。”大藏大臣的亲信回忆道。

在野党中虽也有一部分人追问宫泽引发了泡沫经济之责任，但恬淡的宫泽非常坦白地承认了“过去的失败”，在国会上如此致歉：

“泡沫经济形成时政府没能正确应对，关于这一点，我们至今仍在反省。（中略）我们应该及时就货币供应量或者是不动产、股票投资做出应对。现在想来，真的有很多地方需要反省，我们感到非常抱歉。”[③]

---

① 在与税务干部的一次会议上，山中贞则说：“宫泽想怎么做，就让他怎么做吧。”宫泽最初考虑过对所得税法进行大刀阔斧的修正，其中包括对税率结构的审查。但由于实际上低收入人群的纳税额会增加，因此选择了固定税率下调的措施。

② 摘自 1998 年 8 月 21 日的参议院预算委员会会议记录。

③ 摘自 1998 年 8 月 11 日的参议院预算委员会会议记录。

宫泽如鱼得水，通过经济政策支援了支持率很低的小渊内阁。他的一举一动成了市场和媒体的焦点。

比起财政，宫泽对长银问题更为费心，几位大藏省干部都这样说。一直倡议“软着陆”的宫泽一就任，就立刻电话联系了日银总裁速水优，二人在长银不能倒这一点上达成了一致。对事务次官田波耕治也是反复叮嘱说：“长银就拜托你了。”

经过 1997 年秋天的事件，宫泽深切感受到了大型银行破产后造成的损失之大。刚一破产，银行的资产状况就迅速恶化，因为要保障储户利益而使得纳税人的负担增加。加之，连锁反应形成的信用收缩和倒闭及失业率增加，企业和消费者信心指数的下降也无法避免。不管是从国民经济上来看，还是从经济刺激措施上来看，都应该避免大型银行破产，宫泽这样认为。①

内阁开始行动前夕，宫泽向小渊说道：“硬着陆谁都办得到。”并指出了软着陆的必要性。而他在就任前后的媒体采访上也强调了不假设大型银行会发生破产。

在这样一个重视长银的情况背景之下，不少大藏省官员和宫泽派议员都指出，由宫泽担任派阀会长的宏池会和长银之间有着不解之缘。

《长期信用银行法》是 1952 年由创办了宏池会的池田勇人任职大藏

---

① 金融当局此时发布的内部资料中写道：若是银行破产，（一）被归类为经营正常和需要注意的支援对象公司也不会幸免于连锁性破产，贷款则视为无法收回的债权；（二）濒临破产企业的债权则变为破产企业债权；（三）税收影响消失，资本减少；（四）会产生与银行不动产以外的其他资产等额的处置损失。

大臣时制定的。之后，长银和宏池会保持着亲密的关系，被称作“中兴鼻祖”的前会长杉浦敏介也与宫泽有着长期的友人关系。①

“就因为是长银，所以才那样执着的吧。在紧接其后的日债银问题上他就没有那么热心了。”大藏省干部回忆道。“原本就抱着不该让大型银行破产这一经济政策上的信念，又加上不忍心对想要努力争取合并计划的长银见死不救的同情心，想必大臣心中这两种心情交织在了一起吧。”宫泽身边的人如此忖度道。

虽然没有公开地行动，但决定不让长银倒闭的宫泽，其影响力甚大。

虽然金融当局者中知晓与住友信托签订“二阶段共识”的一部分人有些不知所措，但至少管理层都是听从宫泽的。事务次官田波向金融企划局下达了命令，要求探讨实现合并计划的政策。② 连金融监督厅的干部也向负责人提议说：“能不能效仿（美国的）伊利诺伊大陆银行那样的救济措施呢?”监督厅有关人员透露说：“7 月之前，还把处理破产的可能性也纳入了考量范围内。而到了 8 月上旬，情况骤变。”③

对宫泽主义有着共鸣的还有一人——日银总裁速水优。

---

① 宫泽在 9 月 11 日的众议院金融安定化特别委员会上被问到与杉浦的友人关系，宫泽回答说：“因为是认识了很久的友人了，所以经常见面。但是，工作话题我是一概不聊的。”

② 金融监督厅开始活动的同时，大藏省还成立了新的金融企划局，负责计划银行、证券和保险等金融相关法规，并管理金融危机。

③ 几位金融当局者回忆道：“如果桥本政权继续做下去的话，也许是可以做得了破产处理的。”桥本下属的干事长加藤纮一也说：“没有要帮助长银摆脱困境（救济）的意思。”他也认为，在某些情况下做破产处理是不可避免的。

速水一直非常尊敬宫泽。宫泽的亲信和日银干部都依稀记得，速水连日向大臣办公室致电，或是向宫泽请教建议，或是将自己的想法事无巨细地报告给宫泽。受到宫泽掩护的速水在 8 月 17 日的众议院预算委员会上发表了言论。

“国内外的大型金融机构破产的话，可想而知，会引起巨大的混乱，还可能给实体经济带去不可估量的影响。金融衍生工具的交易即使只计算一部分，平均值也要高达 100 万亿日元以上了。考虑到其会引起海外的金融市场或金融机构的混乱，我认为面对大型银行破产的问题，我们应该慎重些，要尽早做好防备。”当民主党代表菅直人质疑政府所提议的过渡银行方案不适合用来解决大型银行破产时，速水如是回答道。

速水又接着说：“突发破产对海外的影响非常大。即使不是非用过渡银行不可，也最好以进行市场化的协商、合并，或市场化的经营买卖为宜。”①

速水的意思说到底，还是不该让大型银行倒闭。然而其影响比想象的扩散得更广。

先是因这个回应，政府提议的过渡银行方式不适用于大型银行这一观点得以传开，在野党的地位开始上升。然后用“金融衍生工具”这种晦涩的金融术语渲染了危机的严重程度，过分夸大了对长银破产的恐慌。

利率互换交易、期权这样被称作金融衍生工具的高端的金融交易，光是长银的预计本金就上升到了 80 万亿日元，但是因为经营危机的表面化，余额缩小了将近一半。最重要的是，日本政府承诺了保

① 摘自 1998 年 8 月 17 日的众议院预算委员会会议记录。

护所有的负债，即使破产了，制度上也不可能会有拖欠债务的情况出现。①

几位日银干部透露说：“实际上离开长银很长时间的速水没有充分理解破产处理法规。”

将破产的金融机构产权进行转让时，存款保险公司可以向过渡银行援助损失资金。最初，援助金额由存款保险资金（启用存款保险时存款偿付的金额）设置了上限，但1996年之后的《存款保险法》修订过后，超过存款保险资金的部分也能够申请到全额的资金援助了。“速水不知道有这个‘特别资金援助制度’的存在。”干部们这样回忆道。不知道这个制度的速水当然也就会担心拖欠债务的情况发生。②

日银总裁的发言鼓舞了长银总裁大野木等人。

金融当局还是不情不愿地接受了和住友信托的二阶段共识。金融当局的长银负责人回忆道：“如果我们发生了资不抵债的情况，日债银和樱花银行肯定也是资不抵债，甚至兴业银行资不抵债也毫不奇怪。长银的经营团队如是表达了他们的不满。大野木总裁随之便坚持说绝对不能破产。”

---

① 前日银理事、自由党党员铃木淑夫议员在9月3日的众议院金融安定化特别委员会上强烈批判了金融衍生工具骚动论：“以金融衍生工具为例，对外引起了这么大的骚动，说明他们都不是真正懂金融的人。从这一点来看，我认为，长银破产了就会引起轩然大波，这一说法有些夸大了，国民也有些担心过头了。”

② 信用机构局在8月向速水详细演说了金融衍生工具问题。确实，金融衍生工具交易中的“拖欠债务”这一概念有可能会引发大范围的混乱。但是日银干部回忆道：“因此，这意味着我们需要非常小心，而不是说不要让长银倒闭。”日银负责人说道：“一部分人觉得能不破产就不破产，总裁也是这样判断的。”

宫泽－速水搭档的诞生给了大野木起死回生的机会。1998 年 7 月 22 日，长银股份在收盘价格上终于涨到了 50 日元以上。但是 8 月上旬又迎来了严重资金周转危机，开始恐慌的当事人向董事会报告了也许会有面临破产申请的可能，但大野木那边坚信政府的支援，让他们要努力坚持。渡过这次危机后，对长银合并的执念越发变得不可收拾。

从海外撤退，到董事下台和裁员。大胆的结构调整计划于 8 月上旬被确定下来，一方面政府官网上催促着要赶紧确立支援方案，另一方面向永田町和媒体发送标题为《金融衍生工具和金融危机》《长银破产会带来的影响》等资料，让他们发布出去。

“假如长银破产了，要么会引起连锁性的破产，要么被逼到相当困难的处境中的企业将会有 250 家左右，总负债额将达到 24 万亿日元，会引起相当大的震荡。”

“若遇到了要一并清算金融衍生工具交易的情况，其带来的经济连锁反应是无法预测的，不排除对届时的金融体系产生致命影响的可能性，作为国策是万万不能冒这个险的。”

“可以联想到对那些被判断为经营状况恶化的其他大型银行也会进行破产处理，我们将面临一连串的市场冲击（股市的大量抛售等）。”①

资料全都是匿名的，不过“是长银写的”这一点还是十分明了的。想好了所有的理由，长银准备紧抓着合并计划不放。

只是其解释说明太过于精湛，具有讽刺意味的是，对长银问题的恐慌越发高涨了。

---

① 日银相关人员透露，关于这份以《处理大型银行破产时的诸问题》为题的资料，从其独特的记录方法来看，或是日银编写的，抑或是日银参与了编写。

接收到大藏省事务次官的指示，金融企划局的参事官内藤纯一最初规划的支援方案是：向作为合并的接盘者住友信托进行资本注入。即由于合并后资本充足率会下降，此时再用公共资金使其恢复。

但是，住友信托对这个方案表示为难。对长银的检察在7月13日就开始了，然而住友信托那边无法盲信当局的检察结果，主张要再独自做一遍长银的资产检察。

内藤很为难。让变得更加慎重的住友信托审核长银的话，两次检察结果会产生相当大的差距。仅靠对接盘者的资本注入，就想要说服住友信托，实在太困难了。

在6月的合并计划中暂且改变持有方式的长银股份，其股价也在7月末开始剧烈下滑，8月11日，跌到了37日元。合并谈判举步维艰，市场再度提升了出售压力。

盂兰盆节前的8月12日，事务次官田波、内藤、金融企划局信用课长畑中龙太郎在大臣办公室进行了会面。内藤向宫泽说明道："现在金融监督厅正在进行检察。到时候假如发生资不抵债的情况，就只能向住友信托转让产权了。"

6月下旬以来，内藤一直回避长银危机。这期间长银和住友信托的"二阶段共识"也鲜明了起来。

"但即使资大于债，仅靠向住友信托进行资本注入就合并也很困难。"这样说着，内藤发表了"秘计"：

一、住友信托豁免面向长银相关的非银行公司的债权，以此向处于资本弱化状态的长银注入资本。

二、把合并比例往对住友信托方有利的方向设定，如此一来，向长银注入的公共资金即使有实质性的亏损，也能够容忍。

三、合并后，对作为接盘者的住友信托也要注入资本。

内藤发表的“秘计”是向长银和住友信托双方依次进行资本注入的“两次注入方案”。建议草案阶段的注入金额为双方各 1 万亿日元，合计 2 万亿日元。之后的详细审计中，将金额修订为了向长银注入 8 000 亿日元、向住友也注入 8 000 亿日元，合计注入 16 000 亿日元。

从债务豁免到损失公共资金，宫泽叹息着，对着意想不到的方案陷入了沉思。

相关的非银行公司指的是长银系的日本租赁公司、日本蓝迪科公司和 NIE 公司。住友信托把放弃面向这三家公司的应收贷款作为合并的前提条件。既然是私人合同，那么无论附加什么样的条件都是当事人的自由，但是因此使用税金到底合不合适呢？

再加上，将来理应返还的公共资金产生损失这一点证明了：除了非银行的这三家公司，长银还积压了其他需要处理的不良债权。当时也预想到了会有这样的批评出现——是在实际已资不抵债的资产负债表上动手脚，强行进行了合并吧。

金融企划局认为，若住友信托那边独自进行资产检察，他们肯定会自行做出有利的合并比例。因此他们判断，虽然合并比例的调整是不可避免的，但是最后即使公共资金有所折损，也可以解释为“这不过是市场谈判导致的结果”。

宫泽的沉默持续了将近 15 分钟。大臣办公室里充斥着令人窒息的紧张感。

“我明白了。就这么办吧。”

大藏大臣做出了决断，官员们暂时松了口气。比起破产处理，“合并”对纳税人负担更小，所以应该选择合并，宫泽这样总结道，并做好了将来会受到批判的觉悟。

从大藏省那里获悉“两次注入方案”的金融监督厅表示惊愕。

“不更改法律就可以办得到吗?”很多干部惊讶到。

“既然是前银行课长（内藤）想出来的方案，可能暗藏着什么秘计吧。”如此过分解读的负责人也不少。

实际上，宫泽听到这个方案的时候也质疑说：“不会有什么法律上的问题吗?”但是内藤等人解释道：“勉强还在法律允许的范围之内。”

《金融安定化法》中规定，禁止向“经营上出现明显恶化情况的金融机构等”进行资本注入。但是，佐佐波委员会上决定的审查基准中只写了以下两个条件：“最近三年内连续出现决算赤字甚至不分红”，“资本充足率不满0%，抑或是不满0%～4%（国内基准银行是0%～2%），且预计在一年后也将处于同样的状态。”

显然，长银的经营状况虽然“明显恶化”，但是不满足这两个条件。大家判断，根据法律允许范围内的最终解释权，勉强可以强行推进。①

另外，大藏省也认为，经过金融监督厅的检察，不会出现“资不抵债”的情况了。对于希望通过合并得以苟延残喘的银行，检察部门是不

① 大藏省干部预先和内阁法制局就金融企划局的两次注入方案是否违反了《金融安定化法》这一问题进行了讨论。法制局认为，鉴于该法律的目的和审查标准的内容，此方案没有问题。不过，事后几位金融当局者批判道，“这明显就是违法的”“就算是合法的，也不妥当”。

可能“宣告死刑”的。他们深信，金融监督厅应该也理解3月的佐佐波委员会注入过资本等这些过去的经历，所以即使金融监督厅从大藏省分离了，也不可能忽视“行政的一贯性”。

陷入僵局的长银和住友信托合并的计划在8月20日早晨迎来了大转机。

金融监督厅长官日野正晴叫来了住友信托社长高桥温。

日野对来到长官办公室的高桥说明了长银结构调整计划的纲要，敦促了合并计划的推进。高桥的措辞很谨慎，同时表达了对和长银的合并计划持有积极乐观的态度。日野立即将该结果报告给了宫泽。

宫泽像是等了很久似地给小渊打了电话：“首相，请把住友信托的社长约到今晚的官邸去。我也会去。”

当时，金融监督厅的主管大臣是首相。听宫泽解释了避免破产的重要性的小渊知晓了这个提案，高桥那边则由日野去联系了。

实际上，从几天前开始，官邸、大藏省、监督厅的高层就开始讨论邀请高桥的事了。“想要让犹豫不决的住友信托做出决断，就需要‘正当理由’——首相发出请求。可是，也不能突然将高桥叫到官邸来，所以在此之前，先让监督厅长官听听高桥的说法吧。”他们最终做出了这样的安排。

一周后，在众议院召开了金融安定化特别委员会会议。围绕破产处理方案问题，执政党和在野党必有一战，因此为了避免被卷入其中，必须先处理一下长银问题了，宫泽如此考虑到。“日野遵照宫泽和田波的指示，于20日早晨叫来了高桥。”大藏省干部透露道。

私企的合并牵扯到首相，这样前所未闻的巅峰之战就这样拉开了序幕。

20日晚上8点，先是宫泽和内阁官房长官野中广务进入了首相官邸，和小渊进行了会面。8点20分左右，高桥与日野一同被请进狭小的会客室。

据出席者所说，小渊为深夜把大家约出来表示了歉意后，这样说道："作为内阁，若是让长银破产的话，会非常对不起国民。"

小渊用平稳的语气继续道："我认为这次的合并对安定我国的金融体系来说是极其重要的一环，我们打算为了实现合并计划，不惜一切给予所需的支援。希望大家能够积极讨论一下这个问题。"

接着小渊的发言，宫泽开口了："虽然具体还要等检察结果出来才好决定，但希望大家能考虑一下和长银合并的事情。为此，作为政府也会尽可能去帮衬的。"

高桥表达了对长银"二分类债权"的担忧后，回应道："这也要看政府能够提供什么样的支援了。"

据出席者透露，宫泽此时第一次对两次注入方案进行了说明，然后说道："需要多少钱就尽管说吧。钱不是问题。"

出席者回忆，在会谈过程中，野中和日野几乎没有发言，都是宫泽一个人在说。宫泽非常清楚高桥的内心在动摇，于是越发步步紧逼。

小渊对一言不发的高桥催问道："您觉得如何？"

高桥缓缓开口道："大家的意思我了解了。政府能拿出积极的态度来是好事。"

据出席者回忆，此时高桥又补充道：

"但是，处理长银的不良债权所需的金额和良好债权的评估，需要通过金融监督厅的检察或本行的尽职调查手续①进行。"

---

① 指买方在注册会计师、房地产评估师和建筑师的帮助下进行详细的调查，以评估应收贷款和土地等资产的适当价值。

“作为一个私企的经营者，只能按照程序一步步地讨论合并事项。市场正监督着我们。”

直到最后，高桥也没有许诺同意和长银合并。①

“高桥社长对自己被请至官邸，并当面接受首相和大藏大臣的请求感到很荣幸。也非常感谢政府居然能为他们考虑得如此周详。但是即便如此，也没能同意合并。”金融当局者这样回忆道。

合并计划提出之后，住友信托的股价持续下滑。提出之前的 6 月初还是 738 日元，到了 7 月就跌破 500 日元，8 月 20 日跌至 439 日元。市场对于与持有巨额不良债权的长银合并这一方案做出了消极评价。

“虽然高桥自己对合并持积极态度，但是当时要说服行内的反对派势力已经是不可能的了。”监督厅干部回忆道。

经过一个小时左右的游说工作，最终还是没能谈拢。②

让宫泽失算的是，这次官邸协商在那天晚上被泄露了出去。

在那之前，因执政党和在野党都害怕“失言恐慌”，③ 所以在国会上不去正面讨论长银问题。不过，对于长银救济问题，若是政府那边，甚至首相和大藏大臣都出面的话，就另当别论了。

对于空前的“政治干预”，许多在野党做出了批判，展开了关于“反对长银救济”的争论。国会就长银是否已资不抵债这一点产生了纠

---

① 官邸中的协商之后，住友信托的干部联系长银说：“政府的意见我们已经了解了。但是还未做答复。”

② 在 1998 年 8 月 27 日的众议院金融安定化特别委员会上，小渊关于官邸协商的成功与否回答道：“当时我很难做出判断。”

③ 指 1927 年春天，因大藏大臣片冈直温的失误言论，引发了金融危机。——译者注

纷，政府方对此疲于应付。

小渊："说合并会导致日元贬值的理由是，如果合并进行得不顺利，可能会对海内外的金融体系产生重大影响。若是认同不能让日本引发金融危机这一观点，那也就不可能只把一家银行的救济放在心上了。"

日野："并没有证据可以证实长银现已资不抵债。"①

受到参议院中占多数的在野党一方的攻势，政府答辩的阵势不断高涨。既然首相和大藏大臣直接参与其中，则绝不让步。

在8月27日开始的众议院金融安定化特别委员会上，宫泽语气强烈地断言道："长银已经发出公共资金的申请，如果不能申请到公共资金的话，恐怕只能破产了。""若是长银破产，事态将会变得非常严重。"②

如此激烈的发言，与其说是说给在野党听的，不如说是说给住友信托听的。政府揽下了这脏活，所以也希望住友信托能有所觉悟。

但是，住友信托那边无动于衷，也没有给要求公开信息的在野党做出回应。再加上，长银的前经营团队领有巨额退休金一事暴露了，引起了舆论愤怒。就如宫泽害怕的那样，"不应该把公共资金用于面向非银行公司的债务豁免"的论调逐渐高涨。要是长银倒台了，那么内阁也会倒塌——在野党如此确信着。与在野党的对立越发明显，长银危机再一次陷入了僵局。

激战！ 金融国会

旧金山的费尔蒙酒店中。见到事务得到妥善处理，宫泽展颜一笑。

---

① 这两个回复皆摘自1998年8月24日的参议院预算委员会会议记录。

② 摘自1998年8月27日的众议院金融安定化特别委员会会议记录。

小渊政权建立后的第一次日美财长会谈于1998年9月4日召开。

大藏省考虑到，让前首相远行至华盛顿实在是在外交上不对等。于是在与美国财政部协商后，将第一次会面的地点定在了西海岸的旧金山。①

大藏省国际局预订的费尔蒙酒店坐落在名为诺布山的小山丘上，著名的缆车在边上往来穿梭。宫泽在成为中曾根内阁大藏大臣之后的1986年9月，为了压制日元升值，曾在这家酒店和当时的美国财政部长詹姆斯·贝克（James Baker）进行了秘密会谈。而且，35年前的9月，当时还是大藏省官员的宫泽曾作为签订《旧金山和平条约》的日本代表团中的一员来到了这里。对于宫泽，这是一个有特殊意义的地方。

再次上台后第一次站上国际舞台，宫泽等人想到了一个“鬼点子”，即将日美的央行行长请到财长会谈上来。

恰巧美联储主席格林斯潘为做演讲，准备于9月4日访问旧金山。如果日银总裁速水优也同行的话，史无前例的日美财长与央行行长的会谈则能实现。宫泽等人想着，呼吁倾向于回避金融危机的“日美协调”，再以此为杠杆，不就能将围绕着长银问题、《金融再生法》的执政党与在野党的协商转向有利的一面了吗？

但是，速水对前往旧金山感到为难。

因为，宫泽、回避危机、日美协商——这些都是使日银回想起过去“噩梦”的关键词。宫泽担任大藏大臣的20世纪80年代后半期，日银为了阻止在《广场协议》之后发生的日元升值危机，几度想要协调减

① 美国财政部最初提议说要于8月中旬在安克雷奇召开会谈。但是，由于宫泽和鲁宾的日程不好安排，最终定在了“日美中间处”的旧金山。

息。重视国内财政再建之余，经济刺激措施给金融政策带来了沉重负担，随后紧缩延迟成为泡沫经济的温床。①

而且，此时日银正在考虑采取额外的货币宽松政策。② 如果和宫泽同行的话，可能要么会让宫泽主导，要么会采取日美协商的货币宽松政策。速水非常郑重地打去拒绝的电话，于是副总裁山口泰就被派了过来。在这个节骨眼上，日美财长与央行行长的会谈计划破灭了。③

宫泽随之说道，他想以“二对二”的形式进行财长会谈。

日方的出席者仅为宫泽和财务官榊原英资，美方也只派出了鲁宾和萨默斯，双方希望能够进行一次深入的讨论。1986 年的宫泽与贝克的会谈中，同样也是日方仅派出了宫泽和财务官行天丰雄，美方仅派出了贝克和财政部副部长戴维·马尔福特（David Mulford）。地点和风格均沿袭了上一次的会谈。

但是，似乎是厌恶了宫泽节奏，美国财政部提出想要增加出席人数，随后会谈以四对四的形式继续。

宫泽与鲁宾的会谈从下午 4 点半开始，在没有翻译人员的情况下进

① 在 1998 年 8 月 21 日参议院预算委员会上，宫泽对 20 世纪 80 年代后半期的财政金融政策这样总结道：“因为我们走的是传统的财政健全化主义道路——因为预算是必须通过国会审议的，因此需要一些时间。以形式来推动金融。若双方不能很好地联动，则说明我必须反思了。”

② 日美财长会谈过后 5 天——9 月 9 日，日银已决定采取货币宽松政策，已将无抵押隔夜拆借利率的指导水平降低至每年约 0.25% 的历史新低。另外，美联储也于 9 月 29 日、10 月 15 日相继实行了货币宽松政策。

③ 日银的副总裁山口和美联储的劳伦斯·迈耶（Laurence Meyer）一同出席了此次财长会谈。速水出席了第二个月，即 10 月于华盛顿召开的日美财长会谈，并在此后也定期出席。

行了一个半小时之后，会谈场所移至酒店内的“梅松”餐厅，又持续了两个小时。

包括减税政策在内，宫泽确定了许多经济刺激措施，他运用着流畅的英语自信满满地说明道：“应该做的我们都已经做了。如此，估计是没问题了。”

但是，鲁宾的反应比预想中要尖锐、激烈得多：“虽然您说估计没问题了，但我觉得并不是这样。我认为日本现在没有足够的紧迫感，对量、质、速度都完全没有了解。”

根据日方的出席者所言，高傲的宫泽“使用了相当激烈的言辞，对问题逐一进行了反驳”。可是，美方随后又“发表了一系列失礼言论，仿佛在指责说，过去的几个月里就是日本没有正确应对，所以才使得世界经济陷入了如今这般事态中”。

晚饭开始之后，和宫泽走得比较近的格林斯潘前来汇合，会谈气氛逐渐变得和谐起来。然而此时，宫泽对鲁宾冷嘲热讽了起来：“您也真是辛苦了，我十分同情您。我也很想辞职，您也一定很想辞职吧？但是我们还必须为世界经济负责。”

陪同宫泽出席的大藏省干部回忆道：“鲁宾和大臣完全不在一个频道上。可能也有年龄差距的关系，鲁宾没能理解大臣说的话。鲁宾当时十分焦躁，察觉到这一点的大臣也很焦躁。坦白地说，那次会谈进行得并不顺利。”

鲁宾表露出不满是有缘由的。

召开这个会谈的大约三周之前，遭受经济危机之害的俄罗斯政府突然单方面宣布，要冻结对外私人债务 90 天并对卢布进行贬值处理，国际金融市场陷入混乱。巨额的短期资金流向高度安全的美国国债，货币危机经由俄罗斯，从亚洲迅速蔓延到墨西哥和巴西。8 月 31 日，纽约股票市场记录了历史上第二次暴跌。就在前往旧金山之前，鲁宾刚刚在华盛顿与拉丁美洲的财政部长进行了会谈，讨论了应对危机的问题。

宫泽当然认识到了这场危机的蔓延，但他还不知道，此时美国的对冲基金巨头——长期资本管理公司（LTCM），在金融市场混乱来临后的仅 8 个月就损失了其管理资产的 44%，已经处于濒死状态。

LTCM 不仅拥有荣获诺贝尔奖的经济学家和美联储的前官员，还拥有出色的经营业绩。美林证券和摩根大通等美国金融机构巨头已向其投入巨资。由俄罗斯危机引发的 LTCM 问题已经开始动摇华尔街。

“汇率开始随着日元波动，虽然我们的确觉得有些奇怪，但并不知晓美国已处于如此危机的状况之中。虽然鲁宾知道一切，但是他也不能说什么 LTCM 已经是这样了，如果他处理不好的话，美国也可能会崩溃。因此鲁宾才会觉得日本几乎没有危机感吧。”大藏省干部回忆道。

时隔 12 年以来的费尔蒙会谈并未给宫泽留下美好回忆，但也有出乎意料的“成果”。美国财政部在金融体系问题上的对日战略有了 180 度的大转弯。

自 1997 年年底引入公共资金以来，美国财政部一直怀疑“资本注入是不是对日本国内银行的补助金”，并继续表示应毫不犹豫地关闭萧条的银行。但这次开始，美国第一次呼吁积极采取资本注入。①

① 在财长会谈之前的事务会议上，萨默斯问榊原：“已经用完了 13 万亿日元了吗？”“13 万亿日元够了吗？”另外，在财长会谈隔壁同期举行的课长级会议上，一位美国出席者解释说：“我们于 6 月在财政部进行了讨论，并改变了对公共资金的态度。”

“那时，财政部似乎第一次感觉到这是全球金融危机。在那之前，他们只是隔岸观火而已，他们现在终于意识到那是会影响到自身的、关乎自己的危机。这是个明显的政策转变。”日方的出席者透露道。

会谈后的联合新闻发布准则加入了一条——“为强化经营尚可但正在弱化的银行做严格的结构调整，以此为前提，充分利用公共资金”。美方的意向中还这样写道：“鲁宾长官充分肯定了日方通过积极且及时地利用公共资金，早日确立了《金融安定化法》，并强调了为协助强化银行体系及恢复信心，立即实施所需合作措施的重要性。”①

获得了关于长银救济的明确支持，② 宫泽回国了。

然而，费尔蒙会谈没能成为说服在野党同意长银救济方案的理由。

在野党中的三党——民主党、和平新党（现公明党）和改革俱乐部③、自由党——反对政府和执政党提出的《过渡银行法案》等金融再生六法案，于是在8月3日共同向众议院的金融安定化特别委员会提出了反对提案——四法案，双方发生了正面冲突。

---

① 摘自1998年9月4日的日美联合新闻发布准则。

② 在格林斯潘参加的晚宴上，讨论的主要话题是是否应该规范短期资本的流入和流出，但对于长银问题也进行了讨论。宫泽说明了长银救济的必要性，问道：“如果是诸位的话会如何做呢？有替代方案吗？”一位美方人员回答道：“真如您所言的那样，没有其他更好的方案了吗？”格林斯潘则同情宫泽道：“民众感受到危机的时候，就说明已经太迟了。这才是政策负责人最苦恼的地方，在这一点上，美国也是如此。”

③ 和平新党随着1997年年末新进党的解散，众议院的旧公明党势力逐渐壮大从而发迹。1998年11月7日，和平新党与由参议院和地方的旧公明党议员创立的“公明”合并，结为新“公明党”。

将在野党联合斗争作为旗帜的反对提案，是在参议院选举中获得优势的民主党等为了向国民表明自己拥有“行政能力”而提出的。[①] 破产的金融机构原则上是要清算的，但是当将给金融体系带去重大影响时，采取国家收购股份这样的临时国有化措施成了该法案的核心。

临时国有化是20世纪90年代初陷入金融危机的瑞典采用过的手法，[②] 民主党的政策计划官员花了两年的时间研究了它。该手法的主要内容是：破产后即使没有“接盘者”，利用国家的信用也能维持其财务职能，再根据之后的发展情况来处理，它会为经济复兴开辟道路。

确实，在金融机构的破产处理问题上，让当局一直非常头疼的就是“接盘者问题”。

有救济合并银行或产权受让人的话倒是没问题，但金融体系整体都处于萧条状态，因由开放带来的竞争加剧，几乎没有金融机构愿意出头。话虽如此，但就像1996年11月的阪和银行那样，清算业务却不转移财务职能，在保护欲融资的企业和雇用新员工上成本巨大。

因此，必须从制度上解决接盘者问题。大藏省和自民党提出的是过渡银行方式，而在野党提出的则是临时国有化方式。

过渡银行制度是效仿美国的破产处理制度，所以到接盘者出现为止

---

① 8月，民主党将法案要点寄给了美国联邦存款保险公司的前主席里基・赫尔弗（Ricki Helfer），以寻求建议。赫尔弗指摘道：（一）关闭银行的标准要明确；（二）若按照现行标准执行，救济经营情况不良的银行的成本会增加，且许多国有银行都在与经营良好的私人银行进行竞争。

② 在20世纪80年代股票和不动产价格高涨的背景下，瑞典的金融机构不断扩大贷款规模，在其后经济衰退的1991年引起了金融危机。政府向诺德银行和哥达银行购买100%的股份，展开了全面的援助，到1994年6月为止共投入了650亿瑞典克朗的财政资金，相当于GDP的4.5%。

的这段时间内，在政府派遣的金融管理人的管理下，可以继续经营业务。

大藏省为国会审议准备的问答中关于过渡银行制度的目的表述如下：过渡银行指破产后即使民间没有出现接盘的金融机构，也要确保金融体系安定和储户得到保护，建立可以立即管理金融危机的体制。在确保万无一失的同时，建立好资助体制，以对那些有良好意愿且健全，却无法找到可接盘银行的放贷机构实施资助。

另一方面，在野党的临时国有化则是在找到接盘者之前，通过政府收购股份的方法来让企业得以继续经营。虽然采取的方式不同，但在对破产的金融机构实行“公共管理”这一点上，他们的切入点是相同的。

立案者中的一人，民主党仙谷由人回忆道：“不良债权背后的问题很大，不是仅仅救了长银就能解决的事态。实行临时国有化，割舍掉已经不行了的银行，把经营状况良好的银行放回市场是最好的解决方式。”①

不过，在7月的参议院选举中败北的自民党成了参议院中的少数派执政党。

想要让法案通过，在野党的协助是必不可少的，小渊和宫泽都只能低调上阵。面对在野党的攻势，宫泽回应道：“我并没有认为政府的提议是最好的解决办法，我只希望你们也能听听我们的想法，然后

① 对于临时国有化，民主党内也有人提出异议说：“这种做法简直跟社会主义一样。”然而，即便如此还是坚持要提出，是因为这是种国会战术——明知道自民党绝对不会接受所以才提出的。仙谷由人说：“如果自民党未能以他们惯用的方式获得成功，那便轮到我们出场了。如果被否决的话，那就被否决吧。我也没想过他们会赞成。”

在此基础之上再请执政党和反对党决裁出最佳解决方案更为妥当。”①

为了寻求最终法案的出台，自民党于9月9日加入了在野党和业务负责人举办的修订协商会。

执政党和在野党的协商会原本应该与长银问题无关。

大藏省和金融监督厅考虑是否要基于1998年2月颁布的《金融安定化法》，对长银和住友信托实行“两次注入方案”。解释现行法律并执行资本注入是行政部门的职责，而立法机构无权发言。

但是，如果不顾在野党的反对就进行资本注入的话，参议院会否决所有法案，小渊内阁陷入了进退两难的境地。大藏省和金融监督厅都因为担心受到批评而没有设法去强行推进。②

决心要注入资本的宫泽，事实上也叫停了作为资本注入前提的合并谈判，且无可奈何。

宫泽一直在努力寻找能够促使住友信托做出决定的前住友财团成员，但是没能找到。住友信托若是不同意合并，长银那边就无法下债权核销的决定。长银若是下不了债权豁免的决定，那就无法申请公共资金——宫泽有些消沉。

与此同时，佐佐波委员会内部也陷入了骚乱，几位金融当局者透露道。

---

① 摘自1998年9月1日的众议院金融安定化特别委员会会议记录。

② 大藏省干部回顾道：“8月20日于首相官邸的游说工作结束之后，大家都因为害怕受到批判，所以谁都没有跟进。宫泽大臣也没能做出决断。”9月初，某金融当局者也向长银干部进言道：“再不做出（比宫泽）更进一步的政治判断，是无法实现的。”但已经迟了。

8 月 20 日的官邸协商之后，许多媒体都加大了“对政治干预的批评”，这提高了佐佐波委员会成员们的警惕性。

并且委员长佐佐波杨子每天都被召集到议会，就 3 月向长银注入资本一事接受质询。由于未能保护受命的佐佐波，审议委员们对大藏省失去了信任。

“有个委员非正式地辞职了。别说是决议资本注入了，就连委员会都没办法开了。”当局者回忆道。

更甚者，最关键的监督厅对长银的检察都进展缓慢。

住友信托想要基于检察结果独自做资产检察。但是，7 月 13 日就已开始的检察到了 9 月也没有要结束的迹象。① 判断能否合并的材料并没有给到住友信托。

监督厅检察部长五味广文给出了这样一个毫无说服力的解释：“长银有宣布过申请导入公共资金的计划。在这种情况下，有必要检察截至 3 月的资产准确性，而且还必须尽可能地掌握其后发生的种种事态的实际情况。因此事实就是还需要花些时间。”②

监督厅的某当局者透露说：“检察部门担忧是不是会促使长银破产而对检察一事一再拖延。”执政党和在野党就长银是否已资不抵债这一问题争执不下，检察部门正犹豫要不要对这个问题做出判断。

检察部门也对住友信托称他们要基于检察结果实施尽职调查这一事

① 金融监督厅成立后，立即开始对大型银行进行大规模检察。在对长银进行检察之后，对其他 8 家银行的检察于 7 月 24 日开始，至 9 月 16 日便结束。只有对长银的检察是从 7 月 13 日开始到 9 月 10 日为止，共历时两个半月。

② 摘自 1998 年 9 月 3 日的众议院金融安定化特别委员会会议记录。

感受到了压力。如果进行的资产评估大大推翻了检察结果，则监督厅检察的信誉将受到破坏。因此，长官日野让住友信托那边直接开始办理合并手续，无须等待检察结束。双方都僵持不动。

金融当局者回忆道："随着长银危机成为政治问题，大藏省、监督厅、日银、住友信托都变得胆小，无法做出有风险的决定。"

为了避免这种"犹豫"，在野党三党基于废除《金融安定化法》和《国家行政组织法》第三条，在反对提案中加入了"金融再生委员会"的建立。① 若废除了《金融安定化法》，13 万亿日元的资本注入额便会不复存在，长银和住友信托的合并计划将化为泡影。

本该分开进行的长银救济和《金融再生法》的修订协商，经此之后，二者一体化，长银的命运被奇妙地交到了立法机构手里。

在 9 月 9 日开始的执政党和在野党的修订协商中，计划了首相首次访美且希望早日通过该法案的自民党，开始对咄咄逼人的在野党一点点地做出让步了。

自民党执行部的基本战略是在过渡银行方式上做出让步，但因其与废除《金融安定化法》、分离财政和金融有关，所以他们不同意建立金融再生委员会。若是没了资本注入，长银救济便不复可能，参与合并计划的首相的责任问题也就会显露出来。另外，大藏省的前辈宫泽、政务调查会长池田行彦反对独立性极高的金融再生委员会计划。

但是，自民党和在野党其各自内部也没有统一意见。

---

① 金融再生委员会的成立可能不仅将金融检察和监督分开了，还将危机管理职能与大藏省分开了。《国家行政组织法》第三条规定，内阁下设立府、省、委员会和厅；第八条规定，各行政机构下均可以设置合议制。

参加修订协商的精通政策的年轻议员们认为，此时应该从根本上处理不良债权问题，重建强健的金融体系。金融安定化特别委员会理事石原伸晃、日银的前辈兼参议院议员盐崎恭久，自行决定与仙谷由人、枝野幸男这些民主党的政策专家们进行讨论，以寻求妥协。特别是盐崎曾在党内提出过“国有化”方案，① 与枝野等人的关系也变得深厚。与当选次数和国会措施的常识无关，经验丰富的自民党议员们讽刺地将围绕着政策活动的他们称为“政策新人类”。

政策新人类们不喜官员的介入，大藏省和监督厅都没能参与修订协商的实际执行。

大藏省不得已试图借助政务调查会长池田等人的影响力，但这反而导致了反弹，使得执政党和在野党之外的政策新人类团结起来，财政与金融完全分离的论调更加强化。

在想要争取倒阁的强硬派自由党和害怕政局流动化的灵活路线的和平改革党（和平新党和改革俱乐部的简称）之间，在野党三党中的民主党也开始动摇了。有段时间，有人提出了修订协商和长银问题应该分开处理的意见，但最后也没达成统一。

9 月 14 日迎来了第一个紧要关头。在不停地做出让步之后，自民党最终选择的长银救济方案不是现有的 13 万亿日元的资本注入，而是选

① 盐崎于 6 月 28 日整理的《关于日本版过渡银行的个人意见》中提到了与现行过渡银行方式相近的“平成银行方式”和“国有化方式”。前者适用于已资不抵债的银行，而国有化方法则“适用于并不处于资不抵债的状态，但资金周转出现了问题的情况”。但是因为法务省以“涉嫌违反宪法”为由，表示不愿实行国有化，所以它并未被添加进政府、执政党提案中。

择了根据新法来处理。[①]

这一决定使得住友信托的合并意愿大大下降。“如果不能使用现行法，那就意味着合并协商的前提发生了改变。”长银干部记得住友信托当时这样传达道。

长银股价在这一天急速下滑30日元，跌至19日元。以防万一，这个时候长银开始考虑相关非银行公司日本租赁公司的法律安排。

9月17日，自民党基于在野党计划，对联合修订做出了决定，并通知了在野党。18日傍晚，计划访美的首相小渊惠三与菅直人等在野党党首进行了个别会谈，在法案的修订上达成了基本的一致——长银问题就根据从业人员协商后议定的事项，通过特别公共管理等来处理；在下届国会例会结束之前，需要对设立金融再生委员会来进行财政与金融完全分离以及金融行政的统一进行必要的立法。

特别公共管理指的是在野党提出的临时国有化。从业人员协商中除了决定要废除《金融安定化法》，还商定了“紧急制订金融体系早日健全化计划，例如消除金融机构的资本弱化的状况等”。虽然废除了13万亿日元的资本注入方案，但在野党通过准备一个新的方案来代之，以此作为让步。

可是，“特别公共管理等”中的“等”字不久便带来了麻烦。

---

① 参与执政党和在野党协商的自民党议员在9月13日发布的“与在野党谈判的要点”中写道：“除非修改谈判立场，否则公众和舆论将不会站在我们这边，我们最终极有可能会被迫解散进而只得进入大选，败给在野党。”然后还提到：（一）即使废除《金融安定化法》，资本注入计划本身就应该作为政策手段之一被保留；（二）关于长银，应提出修订提案，以便在金融监督厅的检察结果出来后，可以在“破产”和“非破产”之间进行选择；（三）应该确定大藏省的财政和金融部门完全分离的方向。

小渊、宫泽、池田等自民党领袖说到底还是想向长银注入资本，使其与住友信托合并。加入“等”字，目的是想在新法律实施之前的一段时间内使用13万亿日元的资本注入额。民主党默许加入“等”字是因为觉得之前主张的财政与金融完全分离已然是势在必得，而且和平改革党也趋于妥协。

这带有歧义的协定最终在20日土崩瓦解了。

自民党干事长森喜朗在电视节目中说道：“除了特别公共管理，还有另一个选择。”“新法实施前若发生了什么紧急事态，当然就要按照现行法来处理了。”21日内阁官房长官野中广务如是说道，这恰好解释了带有歧义的“等”字背后的深意。

并且，小渊在21日访问纽约时也表达了“希望在让长银不破产的情况下将其与住友信托合并”的意愿，暗示了在新法成立之前，可能还是会采取现有的13万亿日元的资本注入方案作为应对措施。在野党极力反对，民主党干事长代理鸠山由纪夫在此次会议上发言道：“很久以前我就说过，金融问题不应成为政治冲突的工具。但若是此事违背了执政党和在野党之间的信义，那么无论我们是否愿意，这个问题只能上升到政治层面上来了。”①

永田町充满了紧张气氛，执政党与在野党的协商再次陷入了僵局。

9月24日，自民党又重提了修订提案，但因为他们给向长银进行13万亿日元的资本注入一案留了余地，又因为这是一则推迟财政与金融分离的方案，在野党拒绝接受，重新协商在一开始就陷入僵局。

---

①　摘自1998年9月24日的众议院本会议会议记录。

自民党中的一位出席者透露道：提出这一修订案的是大藏省。当时，察觉到大藏省想法的政务调查会长池田、特别委员会理事保冈兴治和被称作“政策新人类”的石原、盐崎两派之间存在明显的意见对立。尊重宫泽的立场和政务调查会长的面子的池田，在党首会谈之后还依然坚持要向长银进行资本注入。另一方面，关于年轻议员们的想法，金融当局者回忆说：“信息没有被完全公开，在这个大家都疑神疑鬼的时候，就应该对那些已经穷途末路了的银行进行破产处理。如此一来，筛选后留下来的银行在市场中也好筹集资金。”①

9月25日，民主党和和平改革党提出了一项联合修订提案，作为“最后通告”。离临时国会的会期结束已经只剩下10天了。

随着时限的临近，野中在记者招待会上的一段发言打开了局面：“为了将包括日本租赁公司在内的分公司的相关债务作为不良债权进行处置，不应选择投入公共资金或通过公共管理等方式进行救济。坦白地说，我觉得民众和政界人士都对用公共资金为泡沫时期买单这一想法感到不满。”

合并的先决条件是豁免日本租赁等三家相关非银行公司的5 200亿日元债务。野中直接否认了这一点。

回想一下的话，野中说过他从一开始就对这项债务豁免抱有怀疑态度。因为是通过债务豁免来填补长银资本的损失，所以换个角度来看，

① 执政党和在野党的“政策新人类”于18日的执政党和在野党的协商上交换了一份秘密备忘录。备忘录中提到长银也不适用此代替13万亿日元的新资本注入计划。自民党议员中的一人回忆道：“某日查阅过佐佐波委员会的会议要旨后，对其审查内容感到非常讶异。如此的话肯定不会赞同再注入的。应该让长银倒闭了。”

投入公共资金的这个想法无异于想让国家来救助非银行公司。

而且，因自民党的“内部矛盾”，修订协商也看不到出口。显然，如果法案最后倒向宫泽－池田路线的话，小渊政权将陷入困境。

“既然如此，那就听天由命吧。”监督厅的干部记得当时野中如此叹道。

这一日下午5点半开始在国会内召开的干部会议上，自民党不顾池田的反对接受了在野党方案。被当成障碍扫除了的宫泽，面带失望地从座位上站了起来，做了如下发言：

“已经艰难地走到这一步了，我也不想靠一些细枝末节的事情来推翻决定了。”

事态的发展正如宫泽8月在大臣办公室中顾虑的那样。

宫泽对长银问题浇注的热情已经退却，通过资本注入来实现救助这一前所未有的计划也在顷刻间消失了。

自民党干部会议后恢复的执政党和在野党的协商彻夜进行，直到第二天，26日凌晨6点才得出决议——在特别公共管理的管控下，将国家取得的股份转让（分公司化）给其他金融机构。

这是长银问题处理的最终一项统一事项了。

“分公司化”这一词是和平改革党在最后关头想出来的。临时国有化之后，若长银成为住友信托的分公司，则还能再有合并的可能。这也是考虑了一直想要合并的小渊和宫泽的想法——带有政治色彩的词汇。

另外，特别公共管理决定交由长银自发地进行申请。这样一来，就无须事先鉴定长银是否已资不抵债了。

为了将该协议立为法案，石原、盐崎和枝野等“政策新人类”在国会图书馆进行了讨论，并紧急决定在《金融再生法》中新增一项条文:①

第三十七条　当银行因其业务或者财产状况而可能产生中止返还存款的情况时，且又符合下列条件的，金融再生委员会可以对该银行实施特别公共管理。

作为实施特别公共管理的先决条件，《金融再生法》中还囊括了以下三点条文（即第三十六条）:

一、资不抵债。
二、可能会有中止返还存款的情况。
三、已中止存款的返还。

但是，之后追加的第三十七条中改为“可能产生”中止返还存款的情况。“可能产生”是指此时此刻未产生，即实际上还并未处于资不抵债的状态。“这不就是专门为了长银问题处理一事制定的条文吗?”几位相关人员坦言道。②

---

① 一直想要给长银做破产认定的民主党之所以在第三十七条上做出让步，是因为已经获得了特别公共管理和财政与金融分离这些“成果”。另一方面也是迫于市场期望快速解决的声音。民主党相关人员透露道：执政党和在野党协商结束后的9月27日，日本租赁公司申请适用《企业重建法》，对金融危机再燃的不安蔓延开来也是重大因素。

② 大藏省的金融企划负责人说道：“可能产生这个表达其‘上一个阶段’太长了，实在是无法认可。这个表达是没办法运用到实际中去的。”

长银到底是否破产一事被束之高阁，总之先将其临时国有化，也保留了将来长银和住友信托合并的可能。立法机构经过复杂的政治决断决定了长银的命运，同时给执政党和在野党双方都留了面子。

然而，至此一直按兵不动的行政机构也从此刻准备起了反击。

意想不到的终结

1998 年 10 月 2 日，飓风过北，迎来了秋高气爽的天气。

大藏省财务官榊原英资在去往成田机场的途中，手中的电话一直抓着不放。

飞往华盛顿的全日空 002 航班于上午 10 点 35 分起飞。第二天是 G7 财长、央行行长会议，宫泽也在赶往成田的路上。

榊原一开始是在和其旧识——原公明党委员长矢野绚也通话：如果我们不及早制订金融体系早日健全化计划，将陷入全球金融危机。

榊原的断言是切实的。为处理长银问题和金融机构的破产问题而生的《金融再生法》修订方案已尘埃落定，但是执政党和在野党还未开始就“13 万亿日元的资本注入”的代替计划进行协商。经过执政党和在野党的讨论，13 万亿日元的资本注入方案已被废除，所以如果不尽快建立起新系统，那么将会打击市场的“第二个长银”便可能会出现，榊原对此感到十分焦急。

此时的国际金融市场比一个月前的费尔蒙会谈时更加混乱。俄罗斯的延债宣言引发了对冲基金巨头 LTCM 的危机，使得美国股价持续下跌，所有高风险债券都被市场回避。巴西经济因短期资本外流而几近崩溃。9 月 23 日晚上，纽约联邦储备银行召集了 14 家金融机构的代表，并共同提出了总额高达 36 亿美元的 LTCM 救济计划。一直宣扬要“关闭萧条的银行”的美国金融当局开始为对冲基金筹集款项。

美联储主席格林斯潘于10月1日的众议院银行委员会上被诘问道："如果LTCM破产，将会伤害市场参与者。而且，包括我们在内的许多国家的经济也都可能会受到潜在的打击吧?"① 榊原回忆道："巴西金融当时正处于崩溃的边缘，华尔街也处于危险之中。我那时就想，如果日本再有一家银行倒闭，那必定会引发全球金融危机。"

矢野让榊原联系和平新党（现公明党）的干事长冬柴铁三，说道："既然如此，你给冬柴打电话吧。他可以做这个决定。"

虽然和冬柴素未谋面，但此时容不得片刻犹豫。榊原拨通了电话，努力向对方强调了国际金融市场的现状和资本注入的重要性。

"我知道现在是处于在野党联合斗争的情况，但此时请您改变一下政策，支持资本注入方案。无论如何，请您马上着手。如果接下来的两三周什么都不做的话，连大银行都银也会倒闭的。若到了那一步，将会爆发全球金融危机。"

正如深知一个月前爆发的俄罗斯危机严重性的鲁宾叹息宫泽、榊原等人对事态缺乏认知，这次轮到榊原对缺乏"紧迫感"的议会感到挫败了。

榊原记得，冬柴表示同意是在第三次致电后。那之后，被冬柴叫来的金融监督厅干部详细说明了不良债权的现状等，接着，冬柴声音低沉地说道："果然是这样吗?"

---

① 根据1998年10月1日的众议院银行委员会会议记录，议会方批判道："美国是放弃了他们曾经鼓励其他国家去实施的破产处理了吗?"纽约联邦储备银行行长麦克唐纳解释说："我们并没有对金融界施加任何压力。我们没有用过一分钱的公共资金，也没有说过要用它。"

和平改革党借此机会，在金融体系早日健全化计划上和自民党达成了步调一致。这件事对于自公执政联盟的建立是相当重要的一环。①

在此期间，东证平均股价一点点下滑。周初的 10 月 5 日，以不到 13 000 日元的价格收盘，这是 12 年零 8 个月以来首次跌破该价格。

金融监督厅次长浜中秀一郎约见长银总裁铃木恒男也恰巧是这个时候。

铃木在 8 月 21 日成为代理总裁之后，于 9 月 28 日取代大野木成了总裁。铃木往沙发上一坐下，对面的浜中就若无其事地开口问道："如果《金融再生法》通过了的话，您那边会申请特别公共管理吗?"

铃木应道："正有此打算。"说完，浜中陷入了沉默。当时也在场的长银干部回忆到，浜中当时露出了一副像是困惑，又像是很不愉快的表情。

对于受执政党和在野党支配的长银，别无选择，只能申请特别公共管理。与住友信托的合并之路已经不复存在，② 继 9 月 25 日野中官房长官发表声明之后，长银申请了《非银行日本租赁公司重建法》③ 的相关

① 越来越有危机感的自民党、和平改革党和自由党经过协商，于 12 日确定了新的资本注入框架，将其作为《早日健全化法》，于 16 日通过成立。通过在早日健全化账户中存入 25 万亿日元，在金融再生账户中存入 18 万亿日元，算上存款保护的 17 万亿日元，公共资金的总额高达 60 万亿日元。另外，有了这项协议，三党在政策上变得更加接近，自由党于 1999 年 1 月、公明党于同年 10 月加入其中，成立了三党连立内阁。

② 住友信托的高桥温社长在 10 月 8 日的记者见面会上提出，伴随着长银的临时国有化，"私企合并谈判的基本框架即将改变"。并宣布终止合并谈判。

③ 日本租赁公司之所以决定申请《重建法》，是因为持有应收贷款的银行觉得执政党和在野党协商的发展导向难以预测，便开始申请担保保全。此前一直反对法律清算的日本租赁公司的员工向管理层请求申请"公司更生"，于是管理层决定在周日晚上 10 点进行申请。负债总额为22 000万亿日元，是第二次世界大战结束以来的最高额。

条款。甚至在执政党和在野党的协商中，还建立了一条不需要做破产认定的特别公共管理路径——《金融再生法》第三十七条。可谓是为长银问题处理的特例措施。①

长银干部回顾道："既然得出了这个结论，也就别无他法了。日本租赁公司的法律清算已解决了最大的担忧，不如说未来股份转让的前景让人看好。"

然而，长银几天后才知晓浜中面露不悦的原因。

10 月 12 日，《金融再生法》通过了。

长银的综合企划部长川上陆司接连接到了民主党仙谷由人、自民党石原伸晃打来的电话。"这样就没问题了。"精疲力竭的川上等人受到了"政策新人类"的鼓舞。

但是正当此时，川上突然被金融监督厅叫去。

负责的官员在电话中只说道："关于《金融再生法》，我有些话想要说。"电话中并没说太多。没办法，他只能把年轻的企划部的员工当作记录员带去，到达位于霞光的合同厅舍四号馆时已经过了午夜零点了。

川上通过合并计划而闯过 6 月的危机，此后也一直担任了和金融当局谈判的代表。

进入接待室后，企划课长木下信行、银行监督课长西原政雄，还有

① 在 1998 年 10 月 2 日的众议院金融安定化特别委员会上，枝野幸男（民主党）提交了一项《金融再生法》的联合修订提案，并被提问道："长银会根据第几条来实施特别公共管理呢？"对此他回答说："我觉得根据第三十七条实施的可能性比较大。"

课长助理等人坐在里面。像是要打破沉闷的气氛，课长中的一位开口道："川上先生，我就开门见山地说了，从行政上来说，《金融再生法》负不了任何责任。"

监督厅对议员制定的《金融再生法》中存在的法律漏洞一一做了说明，像是要看看川上的反应似地说道："在现行法的框架内，是有可以做的事情的吧?"

川上惊讶地呼吸停顿了一下。他们这是在试探性地询问：不是根据《金融再生法》实行临时国有化，而是用现行法，即根据《存款保险法》按资金周转困难性破产来处理如何。

川上摇了摇头，失望地站了起来。

回去的时候，作为记录员同去的那位年轻银行职员非常愤慨地叫住了川上："川上先生，刚才他们说的话也太过分了吧。一定要和他们决战到底呀!"

金融监督厅之所以做出类似于行政指导的行为是有理由的。

最终，执政党和在野党制定的《金融再生法》中的特别公共管理，对于行政来说是一项非常难以执行的条文。①

首先，要实施临时国有化，就必须计算购买股票所需的花费。虽然法律上写着"以净资产额为基础"，但根据具体额度，股东可能会提起行政诉讼。特别是被确认为资大于债之后，对资产进行详查和定价都非

---

① 经过执政党和在野党的协商，政府提议的过渡银行方式可以与特别公共管理并用了。作为回应，大藏省仅修改了政府原先提出的法案的结构和某些条款中的措辞，并将其完全纳入了《金融再生法》。最后，该法成了政府和在野党提案的混合产物。

常困难。

而且，到底是按照第三十六条让政府先做破产认定后再实行临时国有化，还是按照第三十七条不做破产认定，也是个难题。尽管执政党和在野党为长银备下了第三十七条，但万一长银处于资不抵债的情况，那就只能使用第三十六条了。说到底，金融监督厅还是必须做出决定。

“包括日野长官在内的所有领导人都因害怕而无法做出行动。如果是因为资金周转问题而自然倒闭的话倒没什么，但如果是要使用国家权力强制使其破产，那任谁都会犹豫的吧。”监督厅的某位干部回忆道。[①]

但是，因为资金周转问题而倒闭，对长银来说是不可能的。

6 月以来，长银已面临过好几次流动性危机，支撑它走到这一步的是“想要让组织活下来”这个念头。[②] 若因资金周转问题而破产，那么一直以来紧绷着的弦则会断裂，组织便会溃败。

在长银背后还有日银想要支撑其资金周转。

原本长银即便 8 月中就出现资金周转不灵也不奇怪，但因为不想进行“特别融资”的日银一直在其背后努力支援，便一直撑到了秋天。

关于“长银到底是否已资不抵债了”这个问题，舆论意见分为两派。如果此时长银因为资金周转问题倒闭了，批判的矛头则会指向日银。而且，政府一方既然已经表明了“并没有资不抵债”，日银就必须向“未破产的长银”做无担保、无上限的特别融资。对日银来说，因资

① 监督厅相关人员透露，当时监督厅的负责课长约谈过长银干部，是高层做出指示说要让长银定性为资金周转性破产。

② 8 月上旬经历了资金周转危机的长银为了以防万一准备了一份厚厚的手册，名为《×减 14》。其中详细说明了从预计资金发生短缺的“×日”开始反向计算，从 14 天前到×日为止要如何应对。

金无法周转而破产不是好的选择。

每当银行的资金周转情况变得严峻时，日银信用机构课长中曾宏都会直接致电农林业金融机构等，并请求对方继续向长银提供资金。长银干部回忆道：“资金周转能够顺利，全靠中曾课长的帮忙。”

“自8月末开始，长银虽已处于突然倒闭也毫不奇怪的状况了，但还勉强维持着运转。就好像是位靠着生命维持机生存的病人。”金融监督厅的负责官员这样描述长银的末路。

耗时3个月的长银检察结果出来了，金融监管局的监管部门陷入了沉思。检察部门得出的结论如下：截至1998年3月末，根据资产负债表数据，其资产总额大于负债总额。

1998年9月末，基于6月末的资产评估，考虑到9月末之前发生的后续事件，所需的附加折旧和担保额为7 600亿日元。

其结果是，虽然资产负债表上显示为资大于债，但将有价证券、动产及不动产按市值估值时，其预计的损失将达到5 000亿日元。①

回顾过去，监督厅相关人员说道：“这是个既可以理解成是资不抵债，又可以理解成是资大于债的，模棱两可的说法。有一种他们是战战兢兢地提出这个说法的感觉。”

3月末通过认定为资大于债，佐佐波委员会的资本注入被正当化。9月末的净资产虽会减少到1 600亿日元，但也不会负资产。只是将有大于净资产额的股票潜在损失。检察部门的这个结论迎合了政府之前的立场。

监督厅必须基于这个含糊不明的结果来决定长银的命运了。

---

① 摘自1998年出版的《金融检察的这一年》。

说到底，就是怎么评估资产的问题。在这个可以理解成长银并非是资不抵债的情况下，对行政到底能不能认定长银破产了这一问题，干部会议上展开了激烈的讨论。

相关人员透露，近似于一个多团体联合组织的监督厅，里面干部们的意见相去甚远。擅长长期国际业务领域的干部主张，应该毫不犹豫地认定长银已破产，以恢复信心。担心会因为“贿赂性接待丑闻”而对银行行政信任度下降的干部对其表示同意，想要提高检察部门士气的干部也表示应该“让其倒闭”。但是，仅有护送船队式行政经历的干部，以及考虑到有行政诉讼风险的干部，却对破产认定一再犹豫。

让监督厅打消疑虑的是官房长官野中广务。

日野长官、浜中次长以及其他干部齐聚一处，听候野中的决定。

相关人员回忆到，监督厅长干文男向野中提出，“考虑潜在损失的话，则长银为资不抵债的状态，这种情况虽然适用《金融再生法》的第三十六条，但如果选择其他途径的话，则可能就会发生这种情况——这是一篇会引发焦虑的、含糊的文件”。同检察结果一样，干部们也没有自信。

野中听完解释后，指着第三十六条说：“就按这个办吧。”然后对着干部们逐一说道：“请按照规则，遵循法律。”

从执政党和在野党协商的束缚中解脱，监督厅开始着手准备破产认定了。

监督厅立即备好了用以巩固检察结果的“理由”——长银处于明显的流动性危机之中。资金周转顺利期间可以将资产评估为持续经营，但既然资产濒临崩溃，就需要将其重置为市场价格，并以清算价值进行评估。

银行的资产评估变得极端，要么以持续经营价值来评估，要么以清算价值来评估。比如，一般而言，疑似破产企业的三类债权中的

50% ~75% 为预计损失，但是如果想要清算这些债权后收回贷款，则很可能会损失 100% 的融资额。已破产银行的损失额会突然急剧增加，就是这个原因。

显然，即使是长银，按照清算价值来评估，评估结果也会是资不抵债。

不了解事态会如此发展的长银一直在根据《金融再生法》第三十七条规定，为“不需要做破产认定的临时国有化”做准备。

10 月中旬召开了最后的各分行行长会议，总裁铃木恒男在会议上这样报告道：“虽然步履艰难，但为了保全资金周转，也是一路努力过来了。虽然国会上争论不断，但总算是在国有化这一能使长银免于破产的方向上开辟了条重建之路。就按着这条道路前进吧。就依着第三十七条来办。”

黑暗之中照进了阳光，各分行行长们如此想着。

10 月 21 日，金融监督厅的负责官员前往平河町的柳泽伯夫的个人事务所。国土厅长官柳泽被定为首任金融担当大臣，于 23 日上任。①

监督厅和柳泽商讨了“大藏省对策”。

《金融再生法》通过后，大藏省也再一次主张要靠“不需要做破产认定的临时国有化”来处理长银问题。因为他们担心：如若认定了长银已破产，长银的士气势必会低迷，国有化的成本也许就会增加，更有甚者，宫泽也会丢了面子。

① 在执政党和在野党的协商上，除了处理长银问题，财政与金融分离也是一个被主要争论的问题。在野党为了让财政与金融分离，要求设立一位金融担当大臣。自民党起初因在意宫泽而左右为难，但最终还是向在野党让步了。

监督厅怂恿长银的川上将长银认定为资金周转性破产这一消息一经流出，大藏省金融企划局气愤不已，向监督厅提出了抗议。监督厅相关人员称：当时大藏省高层还直接施压了。

负责官员在柳泽面前淡淡地解释道：“大藏省一直主张要按第三十七条处理。但是，从资金周转来看，长银已经处于破产状态了，只能以清算价值来评估资产了。如此一来，就应该按第三十六条来处理了。”

柳泽立即被说服，伸手拿起了一旁的电话，想要获取宫泽的同意。

“虽然大家意见各不相同，但我想依第三十六条来处理。”

“既然柳泽先生都这样说了，那也没办法了。”

宫泽一句都没有反驳。① 对于宫泽来说，一切似乎都已“微不足道”了。

听闻此事，金融监督厅的中层干部们十分感动。回顾过去，包括“贿赂性接待丑闻”和随后的内部调查在内，金融监察部门为财政部门所牺牲，并受制于财政部门的规则。

通过跟柳泽的简短通话，他们感受到了金融行政已完全独立于大藏省。

10 月 22 日，长银的川上又一次被叫来金融监督厅。

金融监察部门来了通知，说决定了要基于第三十六条开始实施特别公共管理。闻此，川上沉下脸来。

“太奇怪了。既然说了有潜在损失，那么反过来也存在潜在浮盈。比如向电力公司提供的融资等是年利率为 5% 的长期贷款。如果重置为

---

① 宫泽内心从始至终都是反对实施特别公共管理，让国家收购股份的。他至今仍然认为从纳税人负担的角度来看，应该按照原计划将长银与住友信托合并，并注入资本。

当前的市价，则能获得潜在利益。是这样的吧？”

反正方针已经定下，负责官员面不改色地反驳道：“真的要按照市价来评估吗？这样做的话，您的资产会损耗更多。届时即便不把股票的潜在损失算在内，也会资不抵债。”

川上眼前一片漆黑，怒火涌上了心头：

“你是说让行政来评估资产的价值吗？那是注册会计师的工作吧。”

“这样一来，其他银行难道不也该好好评估下吗？我明白了。我会向法律部门申诉这个问题的。”

监察发展人问道：“即便那样，也还是要用第三十七条来申请吗？”川上斩钉截铁地回复道：“当然是用第三十七条了。”

监督厅的官员说，川上为了维持组织而拼搏的身影令他至今难忘。

之后，在深夜召开的董事会上，长银违背监督厅的意思，做出了申请“不需要做破产认定的特别公共管理”的决议。川上等人展现出最后的决心。

10 月 23 日上午 8 点半，副总裁越石一秀向内阁内政审议室长提交了申请材料。3 个小时之后，越石又被传唤，他接到通告，已经决定启用“基于破产认定的特别公共管理”了。

依据《金融再生法》第三十六条对长银做了破产认定，长银成了史上首例特别公共管理银行。这是自 6 月危机爆发以来，迷失了 4 个月之久后迎来的终点。①

---

① 金融当局者和长银干部都说道：“多亏住友信托在 6 月举起了手，我们才得以毫不费力地进行处理。如果当时连谈判伙伴都没有出现的话，那在 6 月的时候恐怕就已经引起金融恐慌了。”

日债银的检察结果似乎是资不抵债。如此机密的信息传到监督厅，是在长银国有化被确定了之后的10月末。

长银资不抵债的检察结果令人担忧，监督厅顶着大藏省的反对，引出了破产认定，以非特考组（未通过公务员甲级考试的群体）为主体的监督厅的腰杆硬了起来。

大藏省时期的银行检察，其主要目的是做资产分类。应该将应收贷款做二分类还是做三分类这个问题，以往都是交给他们来判断的，但到底应该比对到何种程度，是该银行和监察法人决定的领域。

这个权力转移到监督厅后，权限一下子就加大了。长银需要追加的分期偿还和储备金额增加了，也是因为检察官员以二分类债权为中心严格评估了储备金不足而导致的结果。媒体和专家们也开始支持这样的严格检察，非特考组的检察官员们正拾回他们因贿赂性接待丑闻而丧失的自信心。

在这样的情势之下，监督部门开始有些不安了。

"在检察中被认定为资不抵债的话，作为监督部门，就不得不立即开始进行破产处理。如此一来，不仅可能会引发行政诉讼，而且检察部还要负责去证实。考虑到这一点，我们希望写上资不抵债。"

监督部门那儿传来的非正式消息招来了检察部内部的强烈反对："这不是又回到了护送船队式行政了吗？"检察部门需要这样振奋人心的建议，"监督部门打算在充分了解行政权限强度的基础之上，进行不怕打官司的、全面的检察。"

11月16日，检察部向日债银发出通知：截至1998年3月末，资不抵债的债务总额已达944亿日元，加上股票的潜在损失，实际资不抵债的债务总额将进一步增加到1 803亿日元。

接到这个通知，监督部门立刻命令日债银在一个月之内报告增资措施以解决资不抵债问题。据负责人所言，“一个月之内”是到破产处理为止的宽限期，如此设定是因为他们觉得“一两周太短了”。

紧接着长银问题，处理日债银问题的绝密战略开始了。

3 月佐佐波委员会上唯一的争论点，日债银被认为是 19 家大型银行中最脆弱的银行。1997 年年初还是遭受了市场冲击，通过将大藏省和日银提出的“奉加帐方式”① 作为资本重组方案才得以死里逃生。

在危机中幸存下来之后，日债银判断如果只靠自己的话难以生存，便计划于 1997 年 11 月向中央信托银行靠拢。北海道拓殖银行破产的几天之后，中央信托银行从拓殖银行手中接管了本州的资产，那之后又非正式地向银行局咨询了与日债银合并的“三行合并计划”。② 接受咨询的银行局干部建议中央信托银行，最好仔细地检察一下日债银的财务内容。

在那之后，两家银行之间仍在对这个合并计划进行审议，并成为大藏省银行局移交给监督厅的事项之一。一位银行局的干部透露说：“中央信托银行对日债银的资产进行了调查。当时虽说日债银仍有约 5 000 亿日元的灰色债务，但如果日债银能设法对其进行处理，则也能进行合并。也和监督厅这样说过了，当时觉得这样一来就能放心了。”

正因为有这么一个过程，突然接到监督厅通知后的日债银才会强烈

① 无法动用国库资金的大藏省，为了救助面临危机的日债银等金融机构，试图借助同行业其他单位的出资和融资来渡过危机。这被称作“奉加帐方式”的救助，在当时甚至成了流行。——译者注

② 据银行局的一位负责人说，三行整合方案最初是日债银提议的一项举措，但中央信托银行优先采取了该方案中的一部分，成了拓殖银行在本州的资产。

反对，大藏省十分狼狈。

数位相关人员回忆说，特别是曾隶属于大藏省且还任职过国税厅长官的洼田弘行长，通过主管董事向监督厅的干部提出了强烈的抗议。

日债银给出的说法和长银一样，说对检察部的资产评估有疑义，并且与大藏省当时的检察结果也有出入。另外他们还主张，即使资产评估是正确的，考虑到纳税影响，① 根本就不可能出现资不抵债的情况，资金调配既然没有问题，那为什么要进行破产处理呢？

另一方面，大藏省的反对情绪非常大，指责道：1997 年春天实施救济时，就是因为向日银和金融界申请了 3 000 亿日元的资金援助，破产认定却辜负了这份援助，会让人失去对行政的信任，并且对洼田行长的处境表达了强烈的同情。

但是，得势的监督厅却完全没有动静。

资产评估没有问题，从 1999 年 3 月起开始可以确认其对财务报表的纳税影响。监督厅判断：说到底，对于没有盈利能力且无法靠自己独立生存的银行是无法承认其有纳税影响的。

奉加帐救济方式也是有争议的，但是监督厅干部却用这样一句话就了结了："那是大藏省的问题，和金融监督厅没有关系。"

被调到监督厅的工作人员对"老巢"怀揣着复杂的情感——离开中心主干的不甘，对回归的渴望，以及想要在新的地方做出点成绩让大家

① 欧美采用的会计准则之一。以需纳税的方式为不良贷款做担保处理时，以"之后由于放款对象破产而切换成免税方式来处理"为前提，预期需要退还的税金可以转入"资本部分"。因为已缴纳的法人税会返回到资本中去，所以相应地不良贷款的处理得以"深入"。

看看的抗争之心，在组织中交织在一起，这些都成了他们的力量。监督厅干部有着强烈的对抗之心，每当有大藏省高官来咨询时，都固执地重复说“不”，这在中层和年轻员工中一时成了热门话题。

11 月下旬，监督厅的相关人员在东京与日债银的干部举行了非正式会议。

“如今也只能做破产处理了。”

监督厅发出了这样的通告。日债银的干部向其央求道：“可以使用绿色银行方式吗？”

绿色银行方式指的是 1998 年 5 月中旬银行局针对绿色银行（原兵库银行）实施的救济合并方案。当时，在已资不抵债的绿色银行的资产负债表上将从存款保险那里划拨的资金赠予作为“暂收款”计算，看作有虚拟资本金，在此基础之上强行将绿色银行与阪神银行合并。

但是，长银问题的处理之后无法再使用这样的奇策。①

一方面，委托的中央信托银行表示除非处理了即将成为不良债权的 5 000 亿日元，否则不愿意接受合并。若作为产权转让的接盘者，则还有这个可能，可既然日债银没有破产迹象，资金周转也很稳定，就无法采取这个办法。

监督厅委婉地进言道：“此时，应该选择临时国有化并寻找更好的合并对象，而不是与财务不稳定的中央信托银行合并到一起。”

除了特别公共管理，日债银别无选择了。

---

① 也有当局者就“此奇策能否用于长银”进行了讨论。相关人员透露道，将长银的虚拟资本金看作一日元，因为该方案的目的在于将长银与住友信托合并，故称其为“绿色一日元方式”，然而金融监督厅的干部却不予理睬。

在早早就确定了破产处理方针的监督厅中，唯一的争论焦点是时机问题。

基于执政党和在野党的协商，金融再生委员会于 12 月 15 日成立了。有关破产处理的所有权限都从监督厅转移到了这个独立性极高的行政委员会手上。是再生委员会启动之前就处理呢，还是交给再生委员会处理呢?

作为其结论，在再生委员会启动前发布了一项特别公共管理命令。

第一，检察结果出来之后不宜搁置一个月以上。

第二，是否要让刚刚启动的再生委员会背负破产认定的重担。

第三，做出此决定的原因是再生委员会不知该如何判断，处理可能会延迟。

出席者回忆说：12 月上旬，约 12 月 7 日前后，日野长官、浜中次长、内政审议室长竹岛一彦等人汇集在了金融担当大臣柳泽伯夫的事务所里。

据说监督部门提交的资料中提供了数个选项，还描述了接受日债银的主张的情况及其问题、破产处理的时机，但监督厅想要荐举哪个选项是一目了然。

柳泽此时也毫不犹豫，选择了在再生委员会启动前采取临时国有化。出席者依稀记得，他还是对大藏省最高领导人的立场有所顾忌，言道：“宫泽先生会如何想呢?”

那之后柳泽给宫泽打了电话，可宫泽并没有反对。随后大藏省干部在电话中表示了强烈的抗议，但监督部门以“大臣的决定已经下达”为理由，并没有接受。

12 月 13 日，政府决定依据《金融再生法》第三十六条启用特别公共管理，并已通知日债银。

经过长银和日债银的破产处理，[①] 对银行行政的信任度暂时回升，但金融体系的稳定尚未实现。另一方面，在那之后，曾为经济领头者的大藏省的权威也不断下降，甚至到最后，连其名称也消失在了历史的长河之中。

---

① 国有化了的长银在 2000 年 3 月被出售给了美国投资集团，新生为“新生银行”。日债银也在同年 6 月结束了国有化，并更名为“晴天银行”。到 2001 年 6 月为止，在处理所需的公共资金中，光是捐赠款一项，长银就达到了 35 899 亿日元，而日债银则达到了 32 365 亿日元。金融当局者总结道：“国有化之后当然会使成本增加。长银应该在 8 月中的时候就转让产权。”“明明已经破产了，还要改变它的形态使之存活。没让银行的数量减少是一项失败之举。”民主党领袖说道：“明明备好了最好的手术台，可惜执刀医生的技术却很差。”

«« 尾声

1998 年 12 月 24 日傍晚，自民党的加藤纮一急匆匆地赶往大仓饭店，在车上和其盟友山崎拓说道：“他们为什么要在圣诞节前夕见我们呢？”

这天晚上，小渊惠三招待了由加藤、山崎和小泉纯一郎三人组成的 YKK① 参加晚宴。目的是想让三位在与自由党建立连立政权这件事上予以协助。

加藤一边看向车窗外的虎之门大厦，一边说道：“有一件事情我想先说清楚。”

接受加藤咨询的山崎答道：“如此才好。”

此时，小渊政权的凯恩斯经济政策又进一步加速了。

11 月 16 日，小渊决定采取总额 24 万亿日元的紧急经济援助措施，这是有史以来规模最大的经济援助措施。除了削减超过 6 万亿日元的税

① 加藤纮一、山崎拓和小泉纯一郎缔结的政治同盟，取自三人名字的罗马拼音的第一个字母。——译者注

款，政府还扩充了信用担保制度作为信贷紧缩对策，并根据公明党的提议，纳入了约 7 000 亿日元的地域振兴券。

1998 年度的第三次修正预算案中计入了 123 250 亿日元的国债，并且在 1999 年度最初的预算案中国债发行额为 31 万亿日元，是前年度的两倍。“政府的稳定”和“回避危机”成了政府和自民党的旗帜。

小渊和 YKK 的晚宴于晚上 6 点在大仓饭店 5 楼一家名为“山里”的日本料理店中开始了。经过一番关于当下政府管理等的话题后，加藤开口道：“首相，趁此机会我想问问您，为什么要提 6 万亿日元的永久减税呢？”

加藤曾被告知，在没有财政来源的情况下减税，不是执政党的“作风”。

一旦减税，之后仅是恢复原先的税收都将需要巨大的政治力量。他想问的是：历代内阁都想要实行却没能做到的“无须财政来源的永久减税”，而且还是 6 万亿日元的规模，真的没问题吗？

“这是在知道了财政情况的基础之上提出的吗？”

据出席者所言，小渊是这样回答的：“我原本没想要参加首相选举。可突然就成了首相候选人，很难一个人思考。大原一三（前农林水产大臣）递来的文书上写着减税的事情，他让我按上面写的那样说。”

过了一会儿，小渊总结道：“但是我确实觉得自己惹了麻烦。这之后的事情还需要靠你们这一代人去解决了。”

据说当时加藤、山崎、小泉三个人不知道该如何回应，只得面面相觑。

小渊本人似乎一直很在意财政的恶化。

大藏省主税局干部每次来访官邸办公室，小渊都会如口头禅似地说“我对你们是许下过承诺的。”“我没有忘记我的承诺。”小渊自许承诺说，总有一天要亲自弥补永久减税带来的大幅度税收骤减，为财政健全化铺平道路。

小渕和 YKK 的晚宴后，时隔 1 年零 3 个月的 2000 年 3 月 24 日上午 11 点，宫泽访问了首相官邸，和小渊商谈了财政纪律。

日本经济摆脱了 1998 年的危机，大家都期盼着经济的逐步恢复。

“即使如此也不能断言说已经没事了，但到了平成十三年，税收应该多少都会增加些的，就不再需要金融处理的数万亿日元了。”宫泽一脸满意地总结，并委婉地刺探道，“从平成十三年度预算那会儿，我就开始考虑财政问题。渐渐地会需要有财政问题的考量的吧。”

小渊一副“被我料准了”的样子回答道：“我自己也觉得应该进行（2001 年的）参议院选举。这是我们目前所需要的。”

在此之前一直说要把精力集中在恢复经济上的小渊表露出他想要重建财政的态度。宫泽依稀记得小渊那充满自信的表情。

然而，一周之后，小渊突然因病离世了。

宫泽也对慌忙接替小渊的森喜朗说了同样一番有关财政的话，但重视经济形势的森喜朗不同意，而且经济政策的规律性正在流失。

2001 年春天，小泉纯一郎内阁诞生。宫泽结束了他 1 000 多天的大臣任职，对记者们说了如下一番话后离开了大藏省：“社会变化和经济变化都是出乎我们意料的东西，我们被迫为此苦战，用尽了全力。”

恢复经济、财政重建、结构改革，还有财政健全化——它们作为尚未实现的国家目标，正在治理的潮流之间漂泊着。

《后记

重复着危机和迷失的日本经济此后如何了呢?

在第二次资本注入之后，因长银和日债银的破产认定而动摇的金融界开始飞速重组。

1999 年 1 月，三井信托和中央信托就合并达成了协议，同年夏天，日本兴业、第一劝业和富士这三家银行宣布了合并。两个月之后，住友和樱花合并，三和加入了东海、朝日的业务统合（朝日在之后又脱离了）。包括三菱东京集团在内的大银行，形成了四大势力。

但是，因日银的超金融宽松政策以及之后的互联网热潮，股价暂时回升，银行的经营状况规律性地再次下降。

由于政治压力，连原定于 2001 年 4 月解禁的存款偿付（强制返还存款）都推迟了。道德风险已经蔓延到银行股东，也是负债者的产业界。根本性的担保不足和额外的产业恶化进一步削弱了金融机能，产业界正为负担着过多的债务和设备而苦恼。“危机”不但没有离开，反而加剧了。

梶山静六生前在接受笔者的采访中这样总结道:“真是可惜,把日本搞成这样。把问题后推得太过了。”

另外,财政收入规律性的下降也是惨不忍睹。

国家的公债发行余额于2000年年末达到了365万亿日元。1997年年末——财政改革路线改变之前,短短3年内增加了170万亿日元。

除非国家面临“巨大市场压力”,即国债价格的下跌,导致国债无法发行出去,否则多数财务官员都会觉得根本没办法实行财政健全化而放弃。

有人问桥本龙太郎,日本的政治风气是不是倾向于想要避免痛苦的改革。桥本基于自己的亲身体验,这样回应道:“如果有人问我现在情况是否糟糕透顶,我会回答不是的。虽然痛苦,但是咬咬牙去改变它的话,之后就会轻松了——这样的说法是没有说服力的。”

2001年4月成立的小泉政权高举“无禁区的结构改革”,得到了史上最高的支持率。包括赞成改革的媒体的论调,笔者有时会陷入一种和第二次桥本政权开始的1996年秋天的景象相似的错觉。

笔者与时事通讯社的轻部谦介记者合著的《日本的迷失・崩溃:1996—1998》一书中给出的结论是:经过对1996年秋天到1997年年末这段时间的政策计划的仔细反思,之后被批判为经济失败的一系列计划的实质是由官员主导的“无差错的叠加”。

财政结构改革、9万亿日元的国民负担、金融大爆炸改革方案、问题金融机构的处理等,单独来看,它们都是“正确的政策”,而行政机构里却没有负责统筹性地判断这些政策会给国民经济带去怎样的影响以及进行政策调整的部门。

本书尝试反思了1998年这一年，1998年可谓是经济政策实施主体从官员转移到政治家的“过渡期的开端”。

大藏省失权造成的“权力空白”是导致长银危机的间接原因。那之后的行政、立法的迷失也可以说是争夺政策实施领导权的结果。笔者认为从这个意义上来说，这一年的经济动荡是在权力交替开始时不可避免地产生的热摩擦。

若仅从危机管理这一个角度来看1998年夏天之后的政治家主导的路线改变，这不算是个错误的选择。为了取回对金融体系的信任，选择适度紧缩政策，运营金融行政以重拾对金融体系的信心，采取大幅度的财政刺激来缓和通缩压力，如此的政策选择是比较合理的。

但是，政治主导的经济政策也很容易成为懒政。

危机管理应该是要在短时间内集中采取非常规措施。即便是危机结束后，一旦放松缰绳，则可能成为道德风险的温床。不良债权和债务积压至今仍是最大的政策课题，这也是政治家对其所带来的改革压力感到恐惧的后果。

榊原英资卸任财务官之后就任庆应大学教授，他批判道：“1999年春天，危机明明已经离去，可那之后还在到处花钱。危机管理从政治家主导转变成了政党主导。”一直想要摆脱官员主导的加藤纮一也自我警示地说道：“政治家对谈判政策和在开放空间中找到折中方案感到厌倦，结果还是变成用多数决原则来解决。当数量不足或是失掉了些人气时，就将基于平民主义的政治主导的伪装作为政策实施。”

要等到有纪律且负责任的政治主导的统治机制确立，恐怕还需花些时间。在此过程中，可能还会出现其他的政治、经济动荡。背负着国民期望的“改革路线”可能会再次停滞不前，甚至倒退。

然而，笔者认为这样的混乱能刺激国民的政治参与意识，磨炼日本的民主主义。

一项项政策会带来什么样的影响和负担呢？具有讽刺意味的是，由于经历了极其不透明且高成本的政策进程，因此国民对政治的关心和理解正在迅速加强。其结果是，健全而聪慧的纳税人得以增加，更多的选民将通过投票尝试参与到政策选择中去。

在信息公开的支持下，广泛而坚韧的民主主义才是建立有纪律且负责任的统治机构的关键。尽管对过去几年中多变的政策选择感到遗憾，但笔者仍期待着日本决策机制中能够萌生“新气息”。

本书是基于笔者1998年担任TBS经济部的大藏省负责记者时留下的调查采访笔记，以及《JNN报道特辑》中以政治经济为题材的纪录片，另外又追加做了一些调查采访整理而成。

在调查采访过程中，受到了多位政治家和当局者们的协助。

除了公开的资料外，其余内容基本上是参考了有关背景的背景说明或当局的内部文件，而这些内容都是不能公开其信息来源和信息获取途径的。文中的所有头衔原则上都使用当年的头衔。另外，所有的敬称都做了省略。

关于事实确认方面，笔者在查看1998年当年的调查采访笔记和国会会议记录的同时，依照“（一）能否获取公开资料中合理的证言；（二）能否从当局的非公开内部文件中得到证实；（三）做背景说明时，能否通过多个途径证实”这三个条件，做到至少满足其中之一。访谈对象近100人，耗时3年编成了这本调查采访笔记。

但是，即便如此，也还是遗留下了很多至今仍未解的“机密”。书中存在的信息模糊与不全皆因笔者的调查采访能力不足。望有幸接受各位的指正批评。

诚挚感谢阿部重夫、大平宗、加藤清隆、轻部谦介、铃木利正、武田信二、永野健二提出的宝贵建议。感谢《JNN报道特辑》的编导制作的许多优秀纪录片，为本书的调查采访提供了巨大的帮助。

感谢岩波书店的上田麻里女士，让上田女士久等多时，笔者深感歉意。同时，也十分感佩其优秀的指导。

最后，笔者还想感谢做出了巨大牺牲的家人。

笔者由于忙于新闻节目的编导工作，大部分假期几乎都花在了调查采访和编写报道的工作上。若没有妻子和两个儿子的充分理解与协作，本书恐怕难以问世。

西野智彦

2001年初夏